LA CITÉ DU SANG

OUVRAGES DE MAURICE TALMEYR

—

LE GRISOU, *roman* (Dentu).

VIERGE SAGE, *roman* (Dentu).

LA CORMIÈRE, *roman* (Bibliothèque Charpentier).

SUR LE BANC (*études criminelles*), 1re série (Plon et Nourrit).

SUR LE BANC (2e série) (Plon et Nourrit).

SUR LE BANC (3e série) (Plon et Nourrit).

LES POSSÉDÉS DE LA MORPHINE (Plon et Nourrit).

SOUVENIRS DE JOURNALISME (Plon et Nourrit).

ENTRE MUFLES (*comédie*) (Plon et Nourrit).

PROCHAINEMENT :

SOUVENIRS DE JOURNALISME (nouvelle série).

La Cité du Sang

PAR

MAURICE TALMEYR

LA CITÉ DU SANG — UN BOURG DE FRANCE
LE MARCHAND DE VINS — CHEZ LES VERRIERS
L'ÉCOLE DU TROCADÉRO — L'AGE DE L'AFFICHE

PARIS

LIBRAIRIE ACADÉMIQUE DIDIER

PERRIN ET Cie, LIBRAIRES-ÉDITEURS

35, QUAI DES GRANDS-AUGUSTINS, 35

1901

A

Monsieur FERDINAND BRUNETIÈRE

de l'Académie française

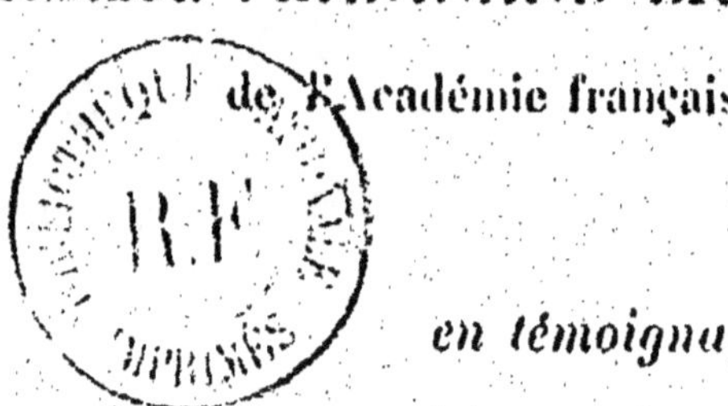

en témoignage d'admiration.

M. T.

LA CITÉ DU SANG

LA CITÉ DU SANG

Novembre 1899-juin 1900.

I

Midi... C'est le Marché aux Moutons, et la cloche annonce l'ouverture. Elle sonne à toute volée au sommet du poteau où sont hissés, l'un au-dessus de l'autre, deux écriteaux portant de grands chiffres blancs... On s'aborde, on se croise, on s'appelle, et je lis sur l'écriteau du haut : *Moutons déclarés : 19.206 !* C'est le nombre des moutons qui vont se vendre aujourd'hui, et dont les longues masses blanches s'étendent sous l'énorme hall... Et les groupes se forment, les dialogues s'engagent, les marchés commencent à se nouer dans la brume de cette mauvaise journée de novembre.

— Bonjour, l'ami !

— Bonjour...,

Le marchand est en blouse d'un bleu déteint, son fouet sur l'épaule, son feutre gras sur le nez, et vante ses moutons au boucher, qui a une belle blouse d'un bleu neuf, une canne, une grosse bague et des bottes à l'écuyère.

— C'est du bon mouton, ça, François.

— Et tu dis ?

— Quatre pistoles et demie pour toi !

Alors, le boucher passe derrière les moutons, leur plonge son poing dans la laine, leur pétrit le dos et les côtes, puis revient lentement, tape avec mollesse dans la main du marchand, et lui dit d'un air réfléchi :

— Qu'est-ce que tu veux rabattre ?

— Pas seulement cinq centimes ! vocifère le marchand.

— C'est bon, l'ami, tâche de faire mieux...

Comment tous ces milliers de moutons peuvent-ils avoir été ainsi rangés ? Ils couvrent des espaces de quatre et cinq cents mètres, et vous diriez des fruits dans des paniers. C'est là un de ces prodiges de force et de main ouvrières, fréquents dans les métiers de Paris, et particulièrement dans les métiers de la Villette. Tout le marché, vu à l'état vide, est divisé en une multitude de cases formées d'échelles mobiles couchées sur champ, et qui le quadrillent de milliers de compartiments.

Chacune de ces cases peut contenir, bien serrés,
selon le placement des échelles, une trentaine ou
une cinquantaine de moutons, et, toute la mati-
née, par paquets gros ou petits, les troupeaux
viennent s'engouffrer là. Les trains, toute la nuit,
les ont jetés sur les quais de la gare, en apportant de partout, du Limousin, de Gascogne, de
Normandie, du Poitou, de Hollande, d'Autriche,
de Tunisie, de France et de l'Étranger, du nord
et du midi. Il y en a qui ont un mois de mer,
et qui arrivent de Russie, d'autres qui viennent
de la Beauce et de la Champagne, et tous, russes,
poitevins, landais, solognots, les beaucerons à
grosse charpente, les berrichons à museau fin,
les courts de jambes, les hauts sur pattes, les gras
de culotte, les africains à têtes rousses, les bar-
barins à cornes en circonvolutions, accourent, se
culbutent, se précipitent par multitudes dans les
multitudes de cases, s'y échouent, s'y entassent, et
y restent immobiles.

Si tassés qu'ils y soient, cependant, ils n'y sont
pas tout de suite suffisamment empilés, et les
chiens, pour les comprimer encore, bondissent sur
ces tas vivants, y courent comme sur une piste,
galopent sur tous ces dos en tumulte, qui se
pressent et se resserrent de plus en plus sous
toutes ces gueules aboyantes qui les parcourent
et les mordent. Des cous se tordent douloureuse-

ment, des corps s'affaissent étouffés, des yeux tournent et s'éteignent, mais le tassement s'achève, et « le placeur », alors, entre en scène, pour ranger et disposer les bêtes. Les bras nus, en petit bonnet de coton, serré dans un tricot de canotier, il procède, d'abord, à un premier dégrossissement, et place, déplace, manie et remanie les moutons comme des objets. Il les saisit par le dos, les retourne par les pattes, les ôte d'où ils sont, les jette ailleurs, les reprend encore, les change encore de place, et les distribue, selon la taille, l'apparence, la qualité, les gras en évidence, les maigres entre les gras, de façon à tenter le boucher, à l'engager, à lui flatter l'œil. Et, sous tous ces tricots bariolés, tous ces bonnets de coton qui se baissent et tous ces bras nus qui travaillent, le rangement s'opère avec une rapidité magique. Plus une irrégularité, plus un pli ! Serrés, mêlés, tissés ensemble, les dix-neuf mille moutons se déroulent comme un tapis, où les chiens, si quelque maille bouge, bondissent sur la maille qui remue et la raccommodent d'un coup de dent. La longue piste de laine est bientôt de niveau, unie, bêlante, immobile, et, dans le jour gris du hall, sous le petit brouillard qui l'embrume, acheteurs et vendeurs s'interpellent, crient, parlent, gesticulent, s'apostrophent, se tapent dans la main.

— Allons, combien tes moutons ?

— Quarante-deux francs, pour les vendre !

— Allons, parle sérieusement !

— Quarante-deux francs, je te le dis tout court, et je n'ai pas envie de m'amuser !

— Merci, ils sont trop gras !

— Allons, je ne veux pas que tu partes, et je te les vends à la livre... Quatorze sous !

— Mais fouille donc tout de suite dans ma poche, pendant que tu y es !

— Tiens, tu m'as l'air aussi décidé d'acheter que de t'en aller dire la messe !...

C'est à deux heures que le marché bat son plein... Les affaires se sont engagées, nouées, dénouées, renouées, pour se redénouer encore. Elles passent par la phase de l'amitié, puis de l'aigreur, puis de l'ironie, puis de l'insulte et de la haine, pour revenir à un ton qui est comme de la tendresse. On tourne autour de toutes les combinaisons, on se propose tous les prix, on se donne tous les noms. On finit par en arriver, dans la façon de se rabattre une pistole ou de se proposer cent sous, à une sorte de pathétique, et le coup d'œil, à ce moment-là, est grouillant et grandiose. Sur la foule qui marchande et sur le champ de moutons, l'immense hall, dont les innombrables vitres cassées font planer sur le tableau comme

un ciel en loques, et, là-dessous, les rumeurs,
les groupements, les disputes, le va et vient, les
figures des marchands et des bouchers. Tous en
blouses, avec leurs fouets ou leurs cannes, et la
plupart taillés à soulever des tombereaux. Têtes
ridées et graves d'hommes de Greuze, têtes de
guerriers, têtes d'ogres, têtes d'évêques. Celui-là,
dans son sarrau neuf, avec son nez narquois,
son binocle, et son cache-nez qui se balance sous
sa casquette à carreaux, regarde dans le blanc
des yeux, en lui tapant dans la main, un petit
gros à favoris d'homme d'affaires, dont la longue
blouse pend comme une chemise de nuit sur ses
bottes. Un autre, large, avec une figure écarlate, toute sa barbe, et une casquette de velours
à côtes vert de Prusse, ne répond jamais que oui
ou non, sans desserrer les dents, et sans quitter
sa pipe. On voit passer devant soi des bonnets
de toutes les formes, des feutres de toutes les
silhouettes, des toques de peau de lapin, des
vestes de peau de chèvre. Des casquettes profondes, à ponts et à soufflets, s'enfoncent sur d'é-
normes nuques. De grosses mains couvertes de
bagues, sortant de grosses manches de blouses,
agitent, en gesticulant, des bouts de cigares
déchiquetés. Et, dans toutes ces physionomies,
règne on ne sait quoi de jovial, de dur, de riche,
de rude, de campagnard, et presque de féodal.

— Allons, tonne une voix vibrante, donne ta main !

Mais l'autre, froidement, tourne son large dos et secoue son triple menton.

— Veux-tu mettre quatre pistoles ? hurle autre part une autre voix.

— Non, malheureux !

— Je t'ai dit quatre !

— Je t'ai dit non !

— Tu veux ma mort ?.. Eh ! bien, tu vas en mettre trois et huit francs, et je te défends de t'en aller !... Ta main !..

Et le marché, ailleurs, finit comme en scène d'amour :

— Allons, trois francs, Henri ?

— Non, cent sous !

— Trois francs ?

— Cent sous !

— Allons, Henri, je mets cent sous... Nous ne pouvons pas nous brouiller...

Mais trois heures approchent et, depuis déjà longtemps, des façons d'êtres bizarres, des espèces de pantins luisants, poisseux, peinturlurés, coiffés de plumets, courent de tous les côtés, avec des pots et des paniers aux bras. Dès qu'un marché se conclut, ils arrivent en clopinant, posent par terre les pots où ils portent de la couleur, fouillent dans les paniers où se trouvent des lettres de fer, trempent les lettres dans les pots, et impriment, sur les moutons, au dos, sur les côtes, à la tête, en bleu, en rouge, en noir, les initiales des acheteurs... Puis, ils remballent leurs lettres, ramassent pots et paniers, courent ailleurs, et le tapis des moutons, à mesure que le marché avance, et que les plumets des pantins courent, se bariole ainsi sous le hall comme un fantastique tapis d'Orient!

II

Que peut bien être, dans la vie, un de ces êtres à bariolages d'arlequins, un de ces pantins qui courent dans le marché en marquant les moutons vendus, et qu'on appelle des « marqueurs » ?... Quand la vente marche et qu'on « fait des affaires », on les voit partout à la fois, promenant leurs aigrettes falotes et trottinantes. L'acheteur, l'achat conclu, hèle un « marqueur » qui accourt, et tout un tatouage, en une minute, s'abat sur le lot vendu comme sur une bande d'étoffe imprimée à la mécanique. Si promptement, toutefois, qu'il opère, et si souvent qu'on l'appelle, le « marqueur », malgré tout, ne fonctionne que les jours de marché, deux fois la semaine, les lundis et jeudis, de midi à trois heures... Il est donc, et fait donc autre chose. Qu'est-il, et que fait-il ?

Le « marqueur », en général, est plutôt vieux, et travaillait, auparavant, comme placeur, bouvier ou tueur, dans un de ces métiers violents où il faut une force qu'il n'a plus. C'est un « enfant de l'Abattoir », et l'un d'eux, connu sous le nom du Zouave, vous répond militairement, quand vous parvenez à le saisir :

— Dix-huit ans de service ! Les Bédouins, l'Italie, le Maroc, le Mexique !... Médaille militaire et médaille coloniale...

Mais il vous a déjà faussé compagnie, et vingt-cinq dos de moutons, là-bas, rutilent, sous son poing... C'est un petit homme leste et boulot, habillé d'un gilet à manches et d'un pantalon, sous une couche si luisante d'on ne sait quel bitume, sous un enduit si gluant, si moucheté de mouchetures si variées, qu'il a l'air d'être tombé dans du goudron, et de s'être battu, ensuite, à coups de balai trempé dans toutes sortes de couleurs. Son grand plumet, là-dessus, ombrage un chapeau de paille défoncé, et son œil, clair comme une pièce de dix sous neuve, guette à la fois les quatre coins du hall, dans sa tête ronde comme un boulet... En quittant le régiment, il s'était fait bouvier, mais un coup de pied de bœuf lui a cassé la jambe, et, depuis, il marque les moutons. A trois ou quatre sous par lot, il gagne environ six francs par marché, douze francs par semaine, quarante-huit francs par mois, et, le reste du temps, est concierge dans une école. De son état, en résumé, le Zouave est portier d'institution, et deux fois seulement par semaine, pendant trois heures, se met dans sa gluante carapace, coiffe son plumet, prend ses pots, ses paniers, et barbouille ses cinq cents moutons. Il clopine un peu, et l'une de ses jambes est restée raide, mais il n'en court pas moins comme un zéphyr, et se transporte, électriquement, d'un bout du marché à l'autre. Le plumet qu'on appelle n'est même pas toujours le sien, mais il répond quand même, et vous explique volontiers :

— Quand on ne m'appelle pas, je m'appelle !...

Le Vieux, c'est le nom qu'on donne à un autre « marqueur », et le Zouave, auprès du Vieux, comme personnage social, devient presque une figure banale... Ah ! ce Vieux, ce petit dos voûté, ce corps maigriot, cet œil de pie, cette goutte au nez, et ces petites jambes grêles et raides, qui ont l'air de pattes de corbeau ! Il est, à lui tout seul, plus gluant et plus luisant, plus enduit, plus empoissé, plus moucheté, que tous ses collègues réunis. Tous les peintres du quartier semblent avoir râclé leur palette sur ses épaules, et essuyé leur couteau sur ses jambes de vieil oiseau maigre. Une ruine de chapeau Tyrolien lui sert de coiffure, un reste de panache magenta déplumé tremblote dessus, et des ficelles lui entortillent les mollets comme pour le consolider. Il n'a peut-être pas encore quatre-vingts ans, mais ne doit pas en être loin, et il court, lui aussi, avec ses paniers et ses pots, il trotte, il se dépêche, sautillant d'un petit pas poussif et saccadé.

Et que fait le Vieux ?... Comment vit-il ?... Eh ! bien, ce Vieux serait riche, et posséderait, à ce qu'on raconte, plus de cent mille francs de biens en terre, dont il enfouirait les revenus. Ce petit fantôme septuagénaire, cassé, voûté, tremblant, qui trotte et galope toujours, est un insatiable avare, un Grandet du pavé, et il court, sur le marché, à la poursuite des trois ou quatre francs qu'il arrive encore, en s'essoufflant, à gagner dans ses trois heures. On l'a connu abatteur de porcs, mais son véritable métier a toujours été d'en avoir cent, choisis et pratiqués pour leurs petits profits. Logé dans un trou de banlieue, il y cultive des légumes, y élève des poules, des lapins, et ne perd même pas son temps en se rendant de ce coin de campagne aux différents endroits où il a ses petites industries. Il a, sur le parcours, toutes sortes de clientèles, petites crèmeries, petits bouillons, petits épiciers, petits débits, et ne va jamais nulle part, soit au marché pour marquer ses moutons, soit ailleurs pour autre chose, sans s'être au moins chargé d'une volaille, ou d'un lapin, ou de légumes, ou même, tout à la fois, de lapins, de volailles et de légumes, qu'il écoule, en passant, à toutes ses petites crèmeries, tous ses petits épiciers, tous ses petits bouillons et tous ses petits débits. On ne l'a jamais vu, de mémoire de bonne femme, sortir de chez lui sans une poule, et jamais non plus, à la Villette, on ne l'a vu coiffer son plumet, et se mettre dans ses ficelles, sans avoir vendu sa poule. Quand vous l'apercevez, dans le marché, trottiner de son petit pas qui butte, il a déjà gratté la terre tout le matin, et placé, tout le long de sa route, ses carottes et ses lapins.

— Et il est vraiment si riche ?

Mais on se récrie alors très haut :

— Le Vieux ?... Il a des propriétés partout !... Oh ! des petites propriétés, des bouts de terre, des lopins, mais des propriétés tout de même... Il en a en province, dans les environs... Il en a jusque « dans les Vosges »... Et de l'argent !... Ah !... Il en fourre dans toutes ses vieilles poches, dans tous ses vieux bas et toutes ses vieilles culottes... Il en a enterré de tous les côtés, il a des cachettes dans tous les coins !

Pendant qu'on me raconte tout cela, je regarde le Vieux s'agiter sous le panache déplumé de son tyrolien, et je le vois toujours courir, buter, peiner, s'essouffler, prendre ses paniers, ramasser ses pots à couleur, enfoncer les lettres sanglantes dans les toisons des moutons. Quelquefois, il passe tout près de nous, s'arrête, tourne la tête, et je crois alors qu'il entend ce qu'on me raconte sur lui, mais on me répond, sans même baisser la voix :

— Il est sourd, mais *il a l'œil...*

Et il a bien, en effet, l'œil du sourd, l'œil *qui écoute.* Il n'entend pas les appels, mais il les voit, et court vite, tout cassé, gagner ses quatre ou cinq sous...

... Troisième silhouette... Est-ce encore un vieux ? Est-ce un enfant ? On ne sait pas... Le Zouave, avec sa vitesse, a déjà quelque chose de fantastique. Le Vieux, avec tous ses métiers et ses richesses mystérieuses, semble manquer aussi d'existence réelle, mais le troisième en manque encore davantage. Celui-là est sonneur et gardien de cimetière dans les environs, et ne se travestit, lui aussi, en arlequin poisseux, qu'en dehors de son état. Il met seulement son plumet lorsque les cloches le lui permettent, et donne seulement aux moutons le temps que lui laissent ses tombeaux…

III

Le pavillon des bœufs est plus vaste encore que celui des moutons. Il y tient six mille animaux, on y fait son kilomètre en allant et venant deux fois d'une extrémité à l'autre, et il faudrait toute une notation particulière, tout un système d'onomatopées spéciales, pour rendre exactement les vociférations par lesquelles les bouviers étourdissent le bétail qu'ils amènent dans les préaux.

Vous entendez venir des hurlements étranges, comme des « ah »! prolongés de gens qu'on égorge, et vous voyez ceux qui les poussent lever en même temps leurs bras en l'air autour des bêtes effarées. Effrayé par les groupes des marchands et des bouchers, glissant sur le pavé gras, tombant sur les genoux, le bœuf, tout ahuri, frappé, mordu par les chiens, veut retourner en arrière, mais les bouviers hurlants se dressent alors derrière lui, l'épouvantent de leurs gestes, lui font claquer leurs gaules sur les os. L'animal finit par se précipiter dans les stalles, où il vient de lui-même mettre sa tête sous la barre, et donner ses cornes à lier, affolé par ces bandes en guenilles de convulsionnaires d'abattoir. L'un est un grand maigre en veste bleue, avec de grosses « roullaquettes », une cigarette derrière l'oreille, et des bottes. Un second n'a qu'un œil dans une figure en lame de couteau, l'autre enfoncé dans la joue comme d'un coup de poing. Un troisième est une espèce de nain qui danse dans un paletot-sac, avec un mauvais chapeau-melon enfoncé jusqu'aux sourcils. Un quatrième, en tricot, porte un haillon de veste sous un haillon de paletot, un cinquième un haillon de paletot sous un haillon de veste, et un sixième se démène, une trique en main, dans un vieux cache-poussière déteint, jaunâtre, qui vole autour de lui comme une robe.

L'étonnement de se trouver dans le tourbillon de tous ces loqueteux éborgnés et hâves se lit dans l'affreuse angoisse qu'exprime alors l'œil du bœuf. Se rappelle-t-il ses pâturages ? Songe-t-il à l'étable natale ? Ce que disent, dans tous les cas, ses grands yeux effarés et doux, c'est une infinie détresse et une stupeur infinie. Rangés entre les barres, flancs contre flancs, la tête contre terre, les bœufs, dans leur tristesse, ont tous quelque chose qui souffre, qui ne sait pas, et qui pardonne sans comprendre. Leurs grands cils

blancs ou roux se ferment et se rouvrent, l'écume
file à leurs mufles mouillés, quelques-uns saignent,
une bave rouge leur coule des naseaux, puis le
marché commence, les mains se mettent à les
manier, et le *maniement* est une chose grave. Il
s'agit, en palpant la bête à certains endroits,
aux *abords* et aux *œillets*, c'est-à-dire à la nais-
sance de la queue, sous les côtes, près du cou,
entre les cuisses, d'évaluer son rendement et sa
qualité, de juger le *gras* et le *fin gras*, et le
boucher, dans ses *maniements*, s'y reprend jusqu'à plus de vingt fois.

— Allons, monsieur Léon, dit un marchand ob-
séquieux et qui appelle le boucher *monsieur* pendant que le boucher le tutoie, venez voir quatre
petits bœufs, quatre petits bœufs *de mon engrais*.

Mais le boucher ne répond même pas, et *manie*
seulement les « quatre petit bœufs », les tâte, les
retâte, va se mettre devant eux, revient se placer
derrière, puis, brièvement, après avoir réfléchi :

— Combien ?

— Monsieur Léon, cinquante-huit !

Mais le boucher rit.

— Cinquante-huit pistoles ?... Cinq cent quatre-
vingts francs ?... Jamais !

— Voyons, monsieur Léon...

— Jamais !

— Monsieur Léon...

— Mon petit, je ne demande qu'à t'obliger, mais c'est mon porte-monnaie que je n'obligerais pas... Bonsoir...

— Allons, monsieur Léon, je vous ôte cent sous par *bœu*.

Mais le boucher continue à rire, et le marchand reprend :

— Écoutez, monsieur Léon, vous me connaissez... Si je vous montre mes bœufs, c'est qu'ils sont bien... Sans ça, je ne vous les montrerais pas... Aussi, monsieur Léon, vous allez m'acheter mes petits bœufs, et s'il y a de la perte, eh ! bien, monsieur Léon, vous me le direz, et je vous remettrai... Mais achetez-les-moi, achetez-moi ces petits bœufs-là... C'est des petits bœufs pour vous... monsieur Léon...

— Ôte-moi deux louis !

— Écoutez, monsieur Léon, je vous les ôterais si je pouvais, mais je ne peux pas... Je ne peux pas... Mais voyez-les donc !... Maniez-moi donc les dessous de ça !... Ça a du *paquet*, c'est des bœufs !... C'est des petits bœufs bien comme il faut... C'est des petits bœufs bien aisés !...

— Ôte-moi deux louis !

— Monsieur Léon, je ne peux pas... Mais écoutez... Je ne veux pas les vendre à un autre, je ne veux les vendre qu'à vous, et je vais vous ôter dix francs !...

Alors, très absorbé, silencieusement, religieuse ment, le boucher recommence encore ses *manie- ments*, et tâte, retâte, palpe, repalpe, en dessous, en dessus, va se remettre devant les bêtes, revient se remettre derrière, examine, calcule, réfléchit, puis tourne les talons, laisse là le marchand dans ses « monsieur Léon », et s'en va, dans d'autres préaux, tâter, palper et *manier* d'autres bœufs...

L'imposante douceur des bœufs, leur inaltéra- rable patience, ne sont pas, dans le maniement, ce qu'il y a de moins à remarquer. Le plus léger attouchement, la moindre approche de la main, les agite d'un frisson pénible. Mais c'est tout ce qu'ils manifestent, et les manipule qui veut, aussi rudement qu'il le veut... Quelquefois, au bord d'une allée, un bœuf veut franchir la barre, la saute seulement à moitié, et reste là suspendu par le ventre. On le fouaille à grands coups de gaule, on lui lance les chiens aux jambes, mais il ne bouge pas, et ne peut pas bouger, soufflant, souffrant, le ventre toujours écrasé... Ailleurs, d'autres s'écartèlent sur le pavé, *s'équasillent*, et ne se relèvent plus. Alors, on les attache par la tête, on va chercher un cric, et on les tire, par une corde, dans des charrettes basses qui les emmènent... Mais ce ne sont là que des accidents, et qui ne troublent pas plus le mar- ché, le calme de cet océan de bêtes rangées aux barres des préaux, qu'un homme qui se noie ne trouble celui de la mer. Un bourdonnement profond, une clameur affairée, des coups de sifflets, des cris, des beuglements qui se répondent, montent seulement sous le grand hall, comme d'une ébullition, et les bouchers continuent à *manier*, à tâter, à palper, pendant que les « receveurs » vont et viennent dans la cohue... Encore une physionomie, le « receveur » ! Quatre mille bœufs vendus font deux millions d'affaires, et ces deux millions passent à chaque marché par ses mains, sans qu'un reçu soit jamais donné. Et jamais une erreur, jamais un détournement ! La sacoche en bandoulière, la pipe aux dents, son livre de comptes à la main, le receveur reçoit les chèques ou les sommes qu'on lui jette comme à la volée, cinq mille francs de celui-ci, six mille de celui-là, huit mille d'un troisième, dix mille d'un quatrième. Il a, sur lui, dans la foule, cinquante mille, quatre-vingt mille, cent mille, deux cent mille francs, et la sacoche où il les met, la caisse volante de tant de millions, donnés et transmis sans papier, est peut-être la seule au monde qu'aucun de ses caissiers n'ait jamais emportée !

C'est dans le dernier quart d'heure, dans le tohu-bohu final, que les receveurs ont le plus à faire. On leur tend vingt sommes à la fois, vingt voix leur étourdissent les oreilles, et il leur faut noter les noms, prendre les chèques, rendre la monnaie, compter l'argent, tout cela debout, dans la bousculade. Tout le monde crie, se pousse, et un assourdissant charivari, un prodigieux bacchanal roule en même temps dans tout le hall. L'heure est venue d'emmener les bêtes, les compagnies de bouviers s'appellent par des coups de sifflet, et cent ou deux cents huées stridentes, lancées dans tous les tons, scandées dans tous les rythmes, se croisent dans une véritable tempête.

L'hiver, quelquefois, à la fin d'une journée grise, un coup de soleil prend le hall en écharpe, le crible de paillettes, et tout, subitement, s'illumine. Les robes des bœufs étincellent, les petites flaques s'incendient entre les pavés, le sol se zèbre de lames d'or, et les pointes des cornes s'allument, comme des cimes d'arbres, dans le tapage et les sifflets... Puis, on vient détacher les bêtes, et elles détalent sous les bâtons, dans les cris, les aboiements des chiens, s'abattent, se redressent, retombent, se relèvent, ou même ne se relèvent plus, et j'entends encore un boucher dire en passant devant un bœuf écroulé sur un trottoir, tout tremblant de fièvre et de souffrance, et qui levait des prunelles fixes où montait une douleur affreuse :

— Voilà la retraite de Moscou !

IV

Les chiens, sur le marché, composent à eux seuls toute une population. Ils sont environ huit cents, et on écrirait tout un livre sur leurs mœurs, leurs physionomies, leur intelligence et leurs originalités...

L'histoire de Marotte date de la fin de l'Empire, du temps des marchés de Sceaux et de Poissy, mais se perpétue comme une légende. Les animaux, à cette époque, voyageaient de nuit par les routes, et il s'en perdait souvent. Des bœufs et des moutons se fatiguaient, s'égaraient dans l'obscurité, et restaient dans les champs ou dans les fossés, mais Marotte flairait tout de suite les absences, courait au conducteur, le tirait par sa limousine, lui faisait suspendre la marche, partait chercher le traînard, le ramenait, et on se remettait en chemin.

Brisac avait un autre talent. Les moutons, au marché, passent quelquefois d'un troupeau dans un autre, mais Brisac ne les laissait pas faire.

— Il en manque un, Brisac !

Et Brisac, immédiatement, sautait sur le déserteur, l'enlevait, et le remettait dans son corps régulier.

Tambour avait un collier doublé d'un étui, son maître y glissait des papiers, et l'envoyait chez les bouchers.

— Allez, Tambour !

Il partait, les bouchers prenaient les papiers, y inscrivaient leurs commandes, les replaçaient dans le collier, et on savait, à son retour, combien il y avait de bœufs ou de moutons à tuer.

Fils, Toulon, Javotte, Lafleur et Ramona aident les « placeurs » à ranger les moutons, et obéissent au moindre signe.

— Allons, Javotte, Fils, Lafleur...

Et Javotte, Fils, Lafleur font exécuter l'alignement comme des sergents.

— Ici, Toulon !

Et Toulon, d'un coup de gueule, renfonce la tête du mouton qui dépasse.

— Là, Ramona !

Et Ramona, d'un coup de dent, relève la tête du mouton qui faiblit. Et jamais Toulon ne pense à faire ce qu'on dit de faire à Ramona, pas plus que Fils ou Lafleur ne cherchent à aller où l'on dit d'aller à Javotte. Ils courent, mordent, travaillent comme des forcenés, et Lafleur, quelquefois, s'essouffle.

— Va boire un coup, Lafleur, lui dit alors son maître.

Et Lafleur se jette dans le bassin, boit, lape, se baigne, puis se reprécipite à la besogne.

— Lafleur, lui crie encore le « placeur » au bout d'un instant en le voyant encore essoufflé, va boire un coup!...

Et Lafleur, de nouveau, va boire un coup, et se rebaigne encore dans le bassin.

A midi, tout est fini, rangé, et les milliers de moutons, tassés, serrés, sont comme un lac. Plus un dos ne bouge, plus une tête ne dépasse. C'est un tapis, et Lafleur, Ramona, Javotte, Fils et Toulon y courent, y galopent comme sur une une piste.

Avec le chien de berger, tout est possible, et il vous surprend toujours. Le bouvier met son fouet dans la main gauche? Le chien court vite sur la gauche. Le bouvier le met dans la main droite? Le chien court vite sur la droite. Le bouvier tourne la tête? Le chien va se placer derrière. On s'arrête, on fait halte, et le bouvier s'absente? Il n'a qu'à planter sa houlette au milieu du champ, à poser son manteau dessus. Cela suffit.

— Reste, Printemps, Lisette, Papillon!

Et Papillon, Lisette ou Printemps reste... Il ne bouge plus... La houlette et le manteau sont là!

Le chien de bouvier, en réalité, est un professionnel, exerce un métier, et il en existe des écoles. A la porte de Pantin, dans un terrain en angle, donnant sur les remparts, vous verrez, en passant, une petite cité de niches et de cahutes, et là, dans cette cité une de ces écoles de chiens, où se conservent, à l'état pur, des deux races d'où viennent, plus ou moins, presque tous les chiens du marché, les Briards et les Beaucerons. Le Briard est noir ou fauve argenté, avec un long poil de chèvre, un poil qui ressemble à un poil de bison, et son petit œil brun, doux, rieur, fin, brille dans l'ombre comme un rubis. Il est jovial, craintif, aimable, et prend, en grandissant, une bonne grosse tête de lion gai. Le Beauceron, lui, a le poil ras, l'œil sombre, et le museau du loup. Il est sournois, sauvage, rôde comme une hyène, et ne s'égaie jamais dans le service. Marotte, qui venait tirer les bouviers par leur limousine, était Briarde, et Brisac, qui reconnaissait le mouton perdu dans le troupeau voisin, était Beauceron.

Les chiens, dans ces institutions, font en quelque sorte leurs classes, et le grand point, dans leur instruction, est de leur enseigner la « bonne prise », c'est-à-dire le bon endroit où l'on doit mordre la bête, pour la bien saisir sans l'abîmer. Pour le bœuf ou le taureau, la « bonne prise » est au mufle ou derrière le pied, et toujours au cou pour le mouton, dont les gigots se remplissent de durillons, quand il est mordu à la cuisse. Le jeune chien est mis de compagnie avec des chiens expérimentés, apprend ainsi la « bonne prise » en la voyant pratiquer, et peut ensuite quitter l'école, dont les élèves, tous les jours, se promènent comme un collège. Et jamais, dans ces promenades, la plus petite indocilité ! On fait un tour dans Pantin, sur les remparts, dans les avenues de l'Abattoir, puis on rentre en ordre parfait, en pension bien disciplinée, sans cris, sans bruit. On n'aboie pas dans les rangs.

Tous les chiens du marché, cependant, ne sortent pas toujours d'une école. Ils n'arrivent pas tous du Saint-Cyr ou du Saint-Maixent des chiens, et les espèces les plus étranges, les plus bizarres, les plus inattendues, se mêlent à leur multitude, comme dans ces troupes de l'ancien temps où chaque soldat, tout en s'armant, en s'habillant, en se bottant à sa guise, n'en avait pas l'air moins guerrier. On en voit à longs poils et à grandes queues, d'autres ras avec leur queue, d'autres à poil long sans queue, et des noirs, des fauves, des gris, des jaunes d'un indescriptible jaune, des blancs d'un indescriptible blanc ! Si impossible à classer que puissent vous sembler toutes ces figures, toutes ces gueules et toutes ces barbes de chiens, elles se ramènent toutes, pourtant, ou presque toutes, sous leur manteau de poussière ou leur cotte de maille de crotte sèche, à la jovialité du Briard ou à la sauvagerie du Beauceron. Beauceron, tout ce qui est plutôt ras, triste, rôdeur ! Briard, tout ce qui a plutôt le poil de chèvre, l'œil gai et la gueule courte. Les bouviers, au petit matin, viennent tirer leurs places au sort dans le pavillon de la Régie, et tout le bataillon des chiens, à ce moment-là, les attend sagement à la porte. Pas une querelle, pas un grognement ! Silence sous les armes ! Mais si un chien inconnu, étranger au corps, osait par hasard s'y aventurer, et se risquait, par curiosité, à vouloir y promener son flair, il serait instantanément happé, déchiré, déchiqueté, broyé par des centaines de gueules. On retrouverait sa tête d'un côté, et les lambeaux du reste dans tous les coins du marché...

V

Il y a marché quatre fois par semaine, et deux fois marché général. Les lundis et jeudis, les rumeurs de la foule, les gémissements des bêtes, les coups de sifflets des bouviers montent en même temps des trois grands pavillons. Bêlant, beuglant, hurlant, il y a là trente mille animaux. La cloche des taureaux sonne la première, puis celle des bœufs, puis celle des veaux, puis des

porcs, puis des moutons, et les veaux et les porcs,
vendus sous le même hall, y donnent, dans leurs
compartiments, des impressions toutes spéciales.

Le quartier des veaux a comme on ne sait quoi
d'une « nursery ». Beaucoup n'ont pas même encore la taille de petits ânes, d'autres ne dépassent
pas celle de gros chiens, et ils sont là deux ou trois
mille, les uns couchés, les autres debout, dans
des préaux garnis de paille, où des « abreuveu-
ses » les soignent comme des nourrices. En sabots, les manches retroussées, avec un grand tablier de toile, l'abreuveuse tient à la fois de l'infirmière et de la fermière, et veille à entretenir tiède,
dans des baquets, une sorte de lait de son qu'elle
fait téter à ses veaux avec un biberon de fer-blanc.
L'abreuveuse est lente, attentionnée, plutôt douce,
ne maltraite jamais ses nourrissons, et les nettoie,
les gronde, les tourne comme des bébés.

— Ote moi cent sous!... Donne ta main!...
Viens voir mes petits veaux coquets!... Achète-
moi mes petits champenois!...

Ces interpellations se croisent, au quartier aux
veaux, comme d'autres du même genre, dans les
autres quartiers, mais les affaires, malgré la simi-
litude des dialogues, ne se traitent plus dans la
même tonalité. On se tâte, on s'attaque, on se
défend, on louvoie autant qu'ailleurs, et on tri-
pote, on *manie*, on *remanie* autant les bêtes, mais

différemment, avec moins de gestes, moins d'envergure dans le débat. Le boucher s'arrête sans solennité devant le veau encore au biberon, et le pousse, le tire, le soulève par la queue, entre dans son préau, lui prend la tête sous son bras, lui regarde l'œil, lui retrousse la paupière, lui ouvre la bouche, la lui tord, la lui examine, tout cela familièrement, et le veau, pendant ce temps-là, gémit et beugle, mais d'un beuglement enfantin. Blanc ou pie, gris ou fauve, avec son air déjà grave, sa langue rose, son museau tendre, son œil étonné et noir, sa jolie tête courte où deux bouts de cornes pointent comme deux gros bourgeons de printemps, il considère avec terreur cet homme qui porte une blouse comme son maître, mais qui a des bagues, la main blanche, et de grands ciseaux luisants qui sortent de sa poche.

— Combien les veaux, Joseph ?

— Vingt pistoles.

— Allons, tu m'ôteras bien trois francs...

Mais le marchand n'écoute même plus. Assis sur la barrière du préau, appuyé sur son fouet, fumant sa pipe à petits coups, il secoue simplement la tête.

— Allons, ôte cinquante sous !

Mais le marchand continue à regarder ailleurs.

— Ote quarante sous !

Mais le marchand n'entend toujours pas, et

le boucher dépité tourne les talons... Alors, toujours silencieux, le marchand retire sa pipe de sa bouche, lance un petit jet de salive, et descend de sa barrière, en tournant le dos de son côté.

Ailleurs, le marchandage se fait en plaisantant. C'est un veau tellement petit que tout le monde en rit ! Un bouvier, pour s'amuser, en a tondu un autre « aux Enfants d'Édouard » ! On rit même aussi pour rien, sans autre raison que rire...

— Écoute, Auguste, nous allons faire une affaire d'amis.

Et le boucher prend le marchand par le cou, lui parle dans l'oreille. L'autre, pendant ce temps-là, lève le nez, écoute d'un air goguenard, et, tout en écoutant, renifle l'air avec une grimace.

— Allons, Auguste, allons, reprend tout haut le boucher en tirant ses ciseaux... C'est entendu?... Je peux les marquer ?...

Mais le marchand se contente de renifler plus bruyamment, comme si l'« affaire d'ami » ne lui semblait pas sentir bon, secoue la tête, et finit par éclater de rire, tout en allant flatter ses veaux, leur lisser le poil, et leur tapoter le flanc... Puis l'abreuveuse leur apporte le biberon, leur parle, les distrait, retire de leur litière la paille trop souillée, comme elle emporterait des langes sales, leur fait maternellement leur toilette, et des

cris affreux, horribles, arrivent en même temps
du quartier voisin, soufflant comme par rafales,
montant comme d'une catastrophe...

VI

Avez-vous entendu crier un millier de cochons?...
C'est une lamentation frénétique, aiguë, trépignante, abominable, et que vous ne vous expli-
quez pas tout de suite, devant le tableau paisible
que vous voyez. Des deux côtés de larges allées,
dans des cases remplies de paille fraîche, des étalages de ventres roses dorment dans toutes les
positions. Et dans quels prélassements, avec quelle
béatitude! Ni dans leur Auvergne, ni dans leur
Limousin, ni surtout chez les chiffonniers, où
ils étaient nourris d'ordures, et où les rats, la
nuit, leur broutaient la couenne, tous ces verrats
n'ont jamais été si bien, si douillettement, si
moelleusement assoupis. Aussi, sous leurs soies
brillantes, comme leurs corps s'allongent en vo-
luptueux tas blancs ! Les petits bouts de queues
tirebouchonnées ont des tressaillements frétillants,
les longues oreilles retombent en rideaux discrets
sur les yeux, et les groins, dolents, reposent
sur les dos. Assis, au milieu des autres qui ron-

flent, un cochon somnole, et sa tête lourde ballotte, sur son ventre écroulé et mou, comme celle d'un juge anglais dont la perruque à pendeloques se dodelinerait sur l'audience. Un autre, renversé, sourit, un troisième rêve en agitant les pattes, et partout, dans la paille, c'est le sommeil profond, vautré, où s'extasient et se renversent pêle mêle toutes sortes de masses blanches et rosées, de flancs, de babines, de pattes qui s'étirent, de queues, de groins mi-clos.

C'est dans ces dortoirs, cependant, dans cette sorte d'exposition turque, qu'on vient choisir et marchander les « sujets ». Mais la vente elle-même, ici, malgré tout le coloris de la marchandise, n'a plus le pittoresque des autres. Les marchands, avec leurs fouets et leurs blouses, leurs casquettes « pontées » et leurs bonnets de poil de lapin, maintiennent encore la note rustique, mais l'acheteur, le charcutier, n'a plus qu'une silhouette bourgeoise. Sous son paletot, son chapeau, et quelquefois même son haut-de-forme, vous le prendriez volontiers pour un boursier ou un employé du ministère.

— Vous avez des porcs ?

— Oui.

— Voyons...

Et c'est tout... Plus de « pistoles », plus de « louis », plus d' « écus » ! On vend par centimes, à la livre : soixante-dix centimes le bon cochon, et cinquante-cinq le mauvais... Du bout de son parapluie, le bas de son pantalon relevé sur ses bottines, en monsieur qui ne veut pas se crotter, le charcutier désigne les porcs qu'il choisit. De son fouet, dont il fait claquer la mèche, le marchand montre ceux qu'il recommande, et l'affaire se traite ainsi, entre le parapluie qui discute en gesticulant et le fouet dont les petits claquements pétillent. Puis, on emmène les bêtes vendues, on les conduit aux poids publics, devant des kiosques vitrés où des comptables écrivent, et les porcs, là, pendant le pesage, commencent seulement à hurler. On les pousse, en les rossant, sur une plateforme entourée de grilles, une bascule joue, et des caissiers, tout autour, installés debout à des planchettes, à côté de leurs sacoches ouvertes, griffonnent, pendant ce temps-là, au milieu du tapage, des appels et des hurlements.

Dormir avec délice, hurler avec fureur, et ne jamais aller où on veut le mener, tout le malheureux cochon est là. Il est d'une indiscipline burlesque, symbolique, et s'acharne, d'instinct, à se lancer à gauche quand on le dirige à droite, ou à se précipiter à droite quand on veut le diriger à gauche. On dirait comme un animal prescient, qui sent la mort à chaque pas, et en même temps un animal hystérique. Une demi-douzaine de

bouviers, le marchand avec son fouet et le charcutier avec son parapluie, doivent quelquefois se
réunir pour avoir raison d'un seul cochon. Ils
l'assomment tous ensemble de coups atroces,
fourragent comme avec des baïonnettes dans cette
grosse masse marbrée et vacillante qui clame ef-
froyablement, et finissent, le plus souvent, par se
résigner à l'enlever à bras, à l'emporter par la
queue et par les oreilles, pendant qu'il crie toujours avec plus de rage, avec plus de frayeur
trépignante. Un abominable effroi, de la douleur et de l'horreur, de l'attaque de nerfs, de
l'épilepsie : on sent, on entend comme de tout
cela, dans le hurlement du cochon. C'est un martyr grotesque, affreusement grotesque et martyr.
Il a des affolements frénétiques, des apaisements
risibles, des lamentations de tréteaux, des égo-
sillements de mégère, des plaintes de petit enfant,
des désespoirs dramatiques, et tout ce qu'il fait
ainsi entendre, quand on le bat ou quand on
l'emporte, n'est encore que peu de chose auprès
des trépignements où il se roule au moment du
« langueyage ». Là, c'est comme un véritable
trépas, comme une première mort avant la mort…
Le « langueyeur » regarde, sous la langue, s'il y
voit les vésicules qui dénotent la ladrerie, et doit
d'abord, pour cette opération, terrasser l'animal,
lutter à bras contre lui, et le tenir, une fois ter-

rassé, immobile entre ses genoux. Il lui introduit ensuite un bâton entre les dents, lui empoigne la langue, la lui tire hors de la gueule, la retourne, l'allonge, l'examine, et c'est à cet instant que le cochon pousse ces cris râlants, en vrille, ces cris étranglés, déchirants, horribles, qui remplissent tout le pavillon comme de sanglots d'agonie, comme de clameurs de massacre.

Pauvre cochon ! Le voilà donc vendu, pesé, langueyé... Que va-t-il maintenant devenir, en attendant le coup de massue ?... Eh ! bien, une fois vendu, pesé, langueyé, il cesse simplement de crier, regarde autour de lui, grogne un peu, puis se recouche, se rendort, et se replonge dans le sommeil, toujours voluptueusement... Alors, avec des craies de couleur, on vient, pour le reconnaître, l'enluminer de vermillon, de bleu, de rose, de lunes vertes, de croix violettes. On arrive à le transformer en pastel, et, pour mieux le distinguer encore, pour être plus certain de ne pas le perdre, son acheteur va chercher un fer rouge à la boutique des chauffeurs, derrière le hall, dans des brasiers de coke qui ronflent sous des chapiteaux d'échappement, et revient lui imprimer, au feu, ses initiales dans la couenne... On pourrait croire qu'à ce moment-là le cochon va hurler ses plus épouvantables cris, ses plus effrayantes lamentations, mais il n'en est rien, et il ne se réveille même pas. Sa peau fume, grésille, pétille, roussit... Mais il dort, il dort toujours, et rêve, écroulé dans sa paille, pendant que les petites fumées montent...

VII

Quel organisme général, économique, financier, administratif, allons-nous maintenant trouver à la Villette, dans ce vaste et vivant enclos du Marché et des Abattoirs ? Quels en sont le jeu et la vie, les ressorts, le mécanisme, l'aménagement, la distribution ?

Tout au bout de la rue d'Allemagne, derrière une grille d'environ deux cents mètres, et parallèlement à la rue, s'étend une immense cour pavée, exactement semblable, avec sa grande fontaine centrale, à une grande place publique. C'est la principale cour du Marché, ou plutôt sa place principale, et le visiteur d'un certain âge y retrouve, dès l'entrée, des silhouettes de connaissance dans les lions couchés de la fontaine, qui est l'ancienne fontaine du Château-d'Eau. A droite et à gauche, en arrivant, deux petits pavillons de pierre, pour l'octroi, le concierge, le poste et les vétérinaires de service. Regardez du côté de Paris, à gauche, et vous apercevrez, derrière l'un des pavillons d'entrée, divers kiosques alignés, avec des inscriptions diverses : *Syndical des Agriculteurs de France, Société générale, Commissionnaires en bestiaux*, puis, au delà des kiosques, à quelques pas, tout un espace coupé de barrières disposées en labyrinthe et destinées à compter les animaux. Tournez-vous à présent du côté opposé, à droite, et vous voyez, derrière l'autre pavillon d'entrée, d'autres barrières en labyrinthe, puis, au delà des barrières, le chemin de fer avec ses files de wagons, ses convois, ses allées et venues de machines, son bruit, son mouvement de gare et ses quais.

Sur la place même, autour de la fontaine, les troupeaux de bœufs et de moutons évoluent à l'aise, les voitures de bestiaux roulent, les marchands, les bouchers, les surveillants, les bouviers crottés, les vétérinaires en casquettes dorées, en amples capotes cachou, passent et repassent, vont à leur besogne, se tiennent à leur poste, et, tout à l'arrière-plan, occupant le fond de la large perspective, à l'autre bout de la place, se dresse une énorme halle, dont la toiture à pentes douces, surmontée de paratonnerres, s'abaisse en énormes ailes jusqu'à deux grands pavillons symétriques. Carrés, en pierres de taille, à croisées cintrées, et reliés entre eux, au dessus de la halle, par un fil télégraphique, ils donnent l'idée d'importantes installations administratives, et l'un, effectivement, contient les services municipaux : *Inspection générale, Poids public, Salubrité, Police* ; l'autre sert de local à la *Société concessionnaire de la Régie*, et vous trouvez là, dans ces deux constructions jumelles, qui se font pendant, quelque chose comme la mairie et la préfecture de la cité. Puis, ce sont les trois vastes pavillons des trois marchés, séparés entre eux par deux avenues, l'avenue de Normandie et l'avenue du Charolais, celui des moutons derrière la Régie, celui des veaux et des porcs derrière les Services Municipaux, celui des bœufs au milieu, enfin le quartier des restaurants, suivi du quartier des étables, et une sorte de rempart, où montent des escaliers et des rampes, coupe à cet endroit l'enclos, le barre d'un escarpement. Vous êtes là à la digue du canal de l'Ourcq, du haut de laquelle vous apparaîtra tout un paysage de canaux, de quais, de passerelles, de bateaux, d'eaux noires, et d'où se déroulera l'Abattoir, ses longues toitures parallèles, ses cheminées, ses paratonnerres, les bouveries, les échaudoirs, les galeries d'abatage, les Coches, la Triperie, le Brûloir aux cochons, l'Usine à Sang. Cinq avenues, la digue franchie, partent du canal, et traversent les terrains et les bâtiments, l'avenue du Nord, celle du Sud, celle du Centre, celle des Coches et celle des Porcheries. Sur la gauche, les Bergeries, la Triperie, les Coches. Du côté opposé, l'Usine à Sang, l'Entrepôt des Cuirs, la Boyauderie, le Brûloir. Et voici, tout au bout, les pavillons de la Criée, du Pesage, des Commissionnaires, des Syndicats, puis la sortie, entre l'octroi et le poste, devant la colonne carrée de l'Horloge, par les grilles de la rue de Flandre.

VIII

Au seul aperçu de sa physionomie physique, on devine le fourmillement de vie et de commerce de cette cité de la Villette, et le principe de son mécanisme, le centre de son fonctionnement sont dans l'administration de la Régie. Si on pouvait rigoureusement comparer les deux grands pavillons carrés entre lesquels s'étend la halle aux bœufs au cœur et au poumon de cette grande organisation trafiquante, la Régie, dans la comparaison, apparaîtrait comme le cœur. Elle est réellement le régulateur.

De tous les points de la France arrivent jour et nuit, par les trains qui sifflent et retentissent dans la gare, les cinquante ou soixante mille bêtes que Paris mange par semaine. On ne trouverait peut-être pas dix départements, les jours de marché général, d'où ne viennent pas des marchands, des éleveurs, des fermiers, des métayers, des propriétaires. Véritables États généraux agricoles, qui se tiennent en blouses et en vestes de peau, avec des fouets et des triques! Marchands et propriétaires trafiquent quelquefois eux-mêmes, sans intermédiaire, mais rarement, et recourent, en général, à un commissionnaire qui « occupe » pour eux sur la place, un peu comme les avoués ou les avocats occupent devant les tribunaux. Ils vendent leurs bêtes vivantes au boucher en gros, au « chevillard » qui tue les animaux dans son échaudoir et les y pend à ses « chevilles ». Puis, le boucher au détail, celui des boucheries de Paris, vient se fournir à l'échaudoir du boucher en gros, et c'est entre ces trois personnages, le marchand qui vend la bête, le « chevillard » ou boucher en gros qui l'achète vivante au marchand, et le boucher au détail qui la prend tuée au « chevillard », que la Régie établit le courant de communication financière et commerciale dont vit la grande usine sanglante de la Villette.

Ancienne Société parisienne de l'Approvisionnement, et devenue, de son vrai nom, la Société anonyme de Crédit Régie, la Régie, en 1865, prêtait vingt-cinq millions à la Ville de Paris, pour l'achat des terrains et la construction des bâtiments nécessaires à l'établissement du Marché et des Abattoirs. Consenti à peu près dans les conditions où se pratiquent les prêts du Crédit Foncier, ce prêt de la Régie à la Ville, fait pour cinquante ans, et remboursable en cinquante annuités, assurait à la Régie l'exploitation du Marché, et lui en réservait le gouvernement, pendant ces cinquante années. La Ville, en outre, lui servait une indemnité annuelle de cent quarante mille francs, pour frais de services administratifs, et la Régie, en échange, se chargeait de percevoir, pour le compte de la Ville, tous les droits qui devaient lui revenir. En même temps, auprès de ces services, la Régie avait le droit d'en créer d'autres, notamment de banque et de crédit, pour faciliter et multiplier l'activité du Marché, et l'immense majorité des affaires s'opère, à l'heure qu'il est, grâce à elle, par un procédé de circulation simple et vivant. Le boucher au détail a huit jours de crédit pour le paiement de la marchandise prise aux « chevilles » du boucher en gros, et la Régie, au bout de ces huit jours, vient encaisser les fonds, chez le boucher au détail, au compte du « chevillard ». Elle les garde dans ses caisses, le boucher en gros paye en chèques sur le Marché, et le marchand, à son tour, réalise les chèques aux guichets de la Régie, sur l'argent recouvré chez le boucher au détail.

Ponctuellement, chaque mardi soir, le « chevillard » dresse donc un relevé de ses créances sur les boucheries, le remet au pavillon de la Régie, et le mercredi, dès le matin, une cinquantaine de garçons partent pour récolter les sommes dans toutes les boucheries de Paris. On en compte environ deux mille, et les rouleaux de louis, de demi-louis, les sacs d'écus, de pièces blanches, de sous, rendus par ces deux mille boucheries, ont bientôt fait une charge sous laquelle les porteurs ploient. Deux voitures, alors, vers midi, deux petites voitures noires, bien fermées, attelées chacune d'un petit cheval, et donnant un peu l'idée de voitures cellulaires en réduction, quittent le pavillon de la Régie, et passent dans les différents quartiers, aux heures fixées, sur les points convenus, où les garçons les rejoignent et se déchargent de leurs paquets. Le garçon hisse la recette au conducteur, lui remet un bordereau de la somme déclarée, prend un reçu du bordereau, puis la voiture repart, et roule à d'autres rendez-vous, où d'autres garçons l'attendent, pour s'y débarrasser de leurs fardeaux.

Vers quatre heures, enfin, les garçons commencent à revenir au pavillon, après de nouvelles recettes, leurs sacoches pleines, et portant sur leurs épaules de longs boudins et de lourds saucissons de toile qui sont des boudins de pièces de deux francs et des saucissons d'écus de cent sous. Ils entrent dans un petit hall bas, poussiéreux, au vitrage sale, rapiécé, au parquet taché d'encre et crotté de boue sèche, où sont installés des bureaux divisés en cases grillagées, avec une table dans chacune, une chaise devant la table, et un bruit métallique, un tapage argentin, sonore, clair, crépitant, retentit bientôt sous le vitrage. C'est comme une agitation de clochettes, comme un fourmillement de carillons, et tout ce métal, dans ces quarante ou cinquante cages, sur ces quarante ou cinquante petites tables, coule en même temps comme un liquide. Ce sont des jaillissements, des flots, des ruissellements. Puis, le tumulte diminue, se tait, s'éteint, tout est rangé, et le lendemain, lorsque les cloches des moutons, des bœufs, des cochons, des veaux, auront encore sonné la clôture des marchés, quand les « chevillards » auront fait leurs achats, remis leurs chèques aux receveurs pour les transmettre aux vendeurs, la petite salle au parquet crotté se remplira encore de mouvement, mais d'un mouvement plus houleux, en même temps que d'un bruit plus doux, d'un bruit de billets froissés, et la Régie, au vu des chèques, paiera la foule des marchands qui défileront à ses caisses. Deux millions lui viennent, aujourd'hui, des deux mille boucheries de Paris, et deux millions, demain, repartiront de ses guichets, pour les prairies et les fermes de France...

IX

Telle qu'elle est, et quoique d'une importance capitale dans la vie économique du Marché, la Régie, néanmoins, n'en est pas l'unique agent, et deux autres maisons, les maisons Blache et Pottier et Mas, fonctionnent aussi à côté d'elle. La maison Blache a son siège aux Abattoirs, le long de la grille de la rue de Flandre, dans un kiosque vitré, et la maison Pottier et Mas, installée en dehors de la Villette, n'y occupe que des succursales. L'une et l'autre, comme la Régie, vont faire la recette pour les bouchers en gros, dans les boucheries au détail, et payent les chèques des premiers sur les fonds qu'elles gardent en compte. Chacune d'elles, chaque semaine, reçoit et rend ainsi environ un million, et toute la différence entre elles et la Régie, dans ces monceaux de métal et ces fouillis de billets qu'elles remuent, c'est que la Régie en remue le double, et souvent plus du double... Au total, quatre ou cinq millions par semaine, seize ou vingt millions par mois, vont et viennent, par les trois maisons, de la Villette à la province et de la province à la Villette, comme par trois canaux inégaux. La Régie, toutefois, outre qu'elle est le plus grand agent de recette, n'est pas qu'un agent de recette, mais encore de commission, et nous touchons ici, avec les « Commissionnaires », à l'autre gros organe du mécanisme.

Le commissionnaire en bestiaux, ou facteur au Marché aux bestiaux, est l'intermédiaire commercial entre le marchand et le boucher en gros. Ainsi qu'on l'a déjà vu, et en limitant la comparaison, il « occupe » pour le propriétaire comme l'avoué pour le plaideur, ou comme l'agent de change pour le capitaliste. Le maître des bêtes à vendre a donc son commissionnaire comme on a son avoué ou son agent de change, expédie ses troupeaux à son adresse, et le commissionnaire procède au reste : réception à l'arrivée en gare et déboursés pour frais de transport, débarquement et déboursés pour frais de débarquement, séjour dans les étables et déboursés pour frais de séjour, placement sur le Marché et déboursés pour frais de placement, vente, encaissement du chèque représentant le prix de la vente, et réalisation du chèque en espèces ou en billets aux guichets de la Régie, ou des autres maisons de recette. Le soir même du marché, le commissionnaire dresse un bordereau de ces déboursés multiples, y joint le tant pour cent prélevé pour sa commission, déduit le tout du chiffre de la vente, et envoie, par la poste, ou remet à son client, si le client est là, le montant de la différence. En dehors de son rôle d'agent de recette, la Régie pratique le crédit agricole, en se réservant dans ses prêts d'être le commissionnaire des éleveurs à qui elle prête, et c'est ainsi qu'elle est maison de commission, en même temps que maison de recette. Mais elle ne joue plus là le rôle dominant, et sa valeur organique n'est plus la même. En tant que commissionnaire, elle n'est plus qu'un commissionnaire comme un autre, et en compagnie de beaucoup d'autres, dont le nombre, d'après les annuaires, s'élève à près d'une centaine.

On entrevoit facilement tout ce qui passe de gain et de richesse, tout ce qui se meut d'activité traffiquante, par tout ce réseau d'intermédiaires consacrés, et ils représentent, en effet, dans le grand corps économique de la Villette, la respiration commerciale, comme la Régie et les recettes concurrentes la circulation financière. Si la physionomie physique du Marché et des Abattoirs répondait parfaitement à leur fonctionnement physiologique, l'un des deux pavillons carrés placés en tête des trois halles devrait donc, en réalité, être aux commissionnaires comme l'autre est à la Recette. La Commission, seulement, tout importante qu'elle soit, ne possède pas, comme façade, cette installation matérielle, et se contente de moins. Quoique riche, et même très riche, le commissionnaire est ordinairement un homme tout simple, rustique, portant la blouse, la peau de chèvre, le feutre du campagnard, habitant les banlieues, se chaussant de galoches, et son établissement, par lequel roulent tant de millions, est aussi d'une simplicité toute foraine. Un maître débarqueur pour débarquer les bêtes, un receveur pour recueillir les chèques ou l'argent des ventes sur le marché, un de ces caissiers de plein air dont toute la caisse consiste en une sacoche, qui ne donnent jamais un reçu et ne commettent jamais d'erreur ; tout le personnel du commissionnaire est là, et son installation, pour le reste, est chez le marchand de vin, dans de petits bureaux sur la rue, les cours d'hôtel, ou même les ruelles d'écurie.

X

Tout à l'extrémité de la rue d'Allemagne, dans la partie placée en face du Marché, vous pouvez remarquer une dizaine d'étroites devantures en verre tremblé, grillagées, avec une petite porte sur le côté, et une raison sociale sur la porte. Ce sont des petits bureaux de commissionnaires. Dans toute la même partie de la rue, sont aussi des restaurants, des marchands de vin, des hôtels, des passages resserrés conduisant à de petites cours. Entrez dans ces passages, et d'autres petits bureaux semblables, pris comme des placards dans les murs, s'y succèdent des deux côtés. Allez jusqu'au bout, pénétrez dans les culs-de-sac : autres petits bureaux. Et, tout du long, au-dessus de ces rangées de cellules vitrées, des noms, des raisons sociales, sortent des murs en saillie. Visitez de même les cours et les arrière-cours des hôtels, les petits bureaux s'y multiplient également. Les charrettes, les tilburys, les carrioles, les cabriolets s'alignent là sous des hangars, crottés jusqu'aux lanternes, et les brancards en l'air; des chiens grattent des os dans les coins, des poules picotent des fumiers, le foin pend des greniers sur les chevaux et les vaches; mais les petits bureaux, là encore, montrent leurs grillages et leurs raisons sociales à lettres dorées, en face du hangar ou de l'écurie, au milieu des vaches, des poules, des voitures et des fumiers... Enfin, entrez aussi chez les marchands de vin, et, dans de longues enfilades de salles embrumées de buées et de fumée, entre les tables, les billards, les ardoises, les râteliers de pipes, partout, à toutes les places libres, vous apercevez encore des rangées de cases en grillage, des guichets, des coffres-forts, tout autour des consommateurs en blouses, en feutres ou en casquettes, attablés devant les charcuteries, les soupes, les dominos et les manilles.

Il faut voir, un jour de marché général, entre quatre et six heures du soir, ces successions de salles enfumées où le tapage des guichets se mêle au bruit des assiettes et des fourchettes, des verres qui trinquent, des boules qui carambolent. Tout ce fonctionnement économique financier et commercial de la Villette est d'ailleurs un fonctionnement libre, l'usage des commissionnaires et le recours de la régie n'y sont pas obligatoires, et toutes sortes d'autres combinaisons, d'autres modes de vente et de paiement, s'y emploient aussi. Le paysan timoré et le petit propriétaire préfèrent quelquefois se passer d'intermédiaire, et les tintements de louis et d'écus, les froissements de billets, tout le tumulte d'argent, tout le bruissement de papier, qui remplissent les estaminets, n'y viennent pas seulement des guichets, mais des tables mêmes où l'on mange, du milieu même des verres et des soucoupes, des cartes et des bouteilles. Veaux, bœufs, moutons, cochons, trente mille bêtes se transmettent ainsi en quelques heures, à tous les prix, par tous les procédés, et c'est une singulière et intense vision de richesse et de rusticité, d'opulence en sarrau, de gros doigts dans l'or, de foire et de campement, de banque et de cabaret !

XI

Rien ne manque donc, comme cité, à la cité de la Villette. Elle a sa vie spéciale, son enceinte, ses constructions, ses distributions de rues et de places, ses services, ses aspects également spéciaux, et possède aussi sa rivière spéciale dans le rempart élevé et creux au fond duquel passe le canal de l'Ourcq. Ce rempart la traverse dans toute sa largeur, la coupe comme en deux villes séparées, et deux ponts jetés d'une digue à l'autre, deux passerelles où se promènent des sentinelles, relient seulement les deux digues le long desquelles montent des rampes.

Au nombre de quatre sur chacun des côtés, ces quatre rampes mènent aux ponts, par des versants opposés, et c'est par leurs quatre chaussées que passent, chaque semaine, en troupes ou par charretées, les cinquante ou soixante mille bêtes que les voitures ou les bouviers traînent ou poussent à l'abattoir. Toutes ces masses de moutons, de bœufs, de veaux, de porcs, n'ont pas, toutefois, qu'à franchir le rempart. Elles doivent encore y payer les droits d'octroi, y être comptées tête par tête, et les rampes, pour ce comptage, sont divisées en deux couloirs parallèles, séparés eux-mêmes en compartiments fermés par des portes battantes, avec des bureaux, des guichets, des stations sur le parcours. Les troupeaux, ainsi, ne se mêlent pas, et les employés, postés dans leurs abris, près des défilés et des passages, arrêtent, ralentissent ou précipitent l'ascension. Mais elle ne s'opère pas sans difficultés ni sans accidents. Tous ces obstacles effarent et meurtrissent les animaux. Ils en sortent souvent blessés, tout secoués de fièvre, tout sanglants, et ces rampes, avec leurs barrières, leurs couloirs, leurs tambours, leurs portes, leurs poteaux, représentent pour les bêtes quatre voies douloureuses, quatre routes de torture.

Placée à l'un des bouts du Marché, près de la gare de débarquement, la rampe des cochons est la moins cruellement machinée des quatre. Des combinaisons de barrières, disposées au bas de la montée, devant un kiosque d'octroi, composent toute l'installation du comptage, et les cochons, cependant, se résignent rarement à s'engager sur la chaussée sans pousser, comme d'habitude, leurs cris les plus frénétiques. Ils ne tardent pas, toutefois, à se rassurer, et vous pouvez les voir, du haut du pont, monter et venir tranquillement. Peut-être, d'ailleurs, ont-ils déjà tant hurlé, et les a-t-on tant fouaillés, battus, rossés, roulés, qu'ils sont comme repus de coups et fourbus d'avoir crié. Le nez tout zébré de sang, les oreilles fendues, leurs blessures et leurs estafilades ont l'air de meurtrissures et de balafres d'ivrognes. On croirait, pour un peu, qu'on les conduit au poste, s'ils ne se débandaient pas avec autant de fantaisie. Mais le cochon est essentiellement individualiste, et chacun, dans la troupe, s'égaille, et tire à part, distrait, rêveur, flairant, broutant, flânant, jouissant encore de vivre jusque dans cette marche au supplice, et s'y arrêtant même, par instants, comme pour y flairer une truffe. Un homme, d'ordinaire, dirige la bande, conduite d'autres fois par des bouvières, ou même par quelque charcutière imposante, venue là pour veiller elle-même aux derniers moments de ses Manceaux ou de ses Périgourdins, et qui monte la rampe derrière eux, sa sacoche à la ceinture, les tenant à l'œil, et les poussant au pont, pendant que l'eau clapote dans le canal, sous les bacs des mariniers qui reviennent des maries-salopes.

Tout autrement, au pont suivant, à l'autre extrémité du rempart, sont disposées les rampes des moutons et des bœufs... La vue, de cet endroit, découvre tout un tremblant décor d'eau, dans une échappée sur Paris : des quais, des canaux qui se croisent, des bateaux de plâtre et de charbon, des reflets de berges, des cheminées d'usine, des pans de maisons criblées de vitres... Mais les bêlements et les cris vous ont bientôt distrait du paysage, et, à mi-route de la montée, pendant que la sentinelle va et vient derrière vous, toute une foule de têtes gémissantes se tendent par-dessus des portes. Au bout de quelques minutes, les deux battants s'écartent, et les moutons, la tête toujours tendue, se précipitent en bêlant, puis, cinquante pas plus haut, se heurtent contre d'autres portes qui retombent de nouveau sur eux. Là, ils s'amassent encore, puis on ouvre aussi les secondes portes, et toutes les têtes, toujours tendues et folles, se jettent alors en avant, franchissent elles-mêmes le rempart, et disparaissent de l'autre côté du pont, courant, bêlant, fuyant et se culbutant.

Tout l'après-midi, des foules de moutons gravissent ainsi la rampe, prises et reprises entre des battants qui s'ouvrent et se referment, s'engouffrant dans des parcs où elles recommencent à s'écraser aux sorties, et c'est un pitoyable et interminable défilé, un inépuisable répertoire de triste lanterne magique, qui se déroule là sur

ce pont durant des heures. Toutes barbouillées
de bleu et de rouge, des bandes montent, puis
s'enfuient, avec des bonds de petites vagues. Des
flots de têtes blanches tachetées de noir dégorgent
ensuite des portes, puis d'autres têtes toutes
noires, puis d'autres têtes toutes blanches. D'autres accourent en gémissant, avec des airs doux
et frileux, d'autres avec de longues laines crot-
tées, et d'autres passent comme des nuages qui
se forment et se déforment au vent. Bras nus,
dans leurs guenilles, les conducteurs gesticulent,
lèvent leur fouet, crient d'ouvrir, de fermer, de
rouvrir, de refermer encore, et tout cela bêle,
fuit, vient, s'en va, apparaît toujours sur le pont,
disparaît toujours du rempart.

Séparés par des grilles, trois chemins partagent la passerelle, celui des moutons sur un côté,
celui des bœufs sur un autre, le troisième entre
les deux, et les bœufs, sur la rampe opposée à
celle des moutons, s'écrasent dans des mêlées encore plus dramatiques. Leurs têtes beuglantes
se cognent, s'embarrassent, et toute une forêt de
cornes mugit, s'impatiente au bas de la route.
Puis, les barrières s'écartent, et la forêt en débouche en soufflant. Des bêtes glissent lourdement,
d'autres s'abattent, d'autres se blessent avec fra-
cas aux portants, d'autres arrivent comme étonnées, aspirent l'air, s'arrêtent, se mettent comme à

paître une herbe imaginaire, ou bien approchent avec angoisse, ou s'agenouillent comme pour une prière, ou bien montent comme des levées de lyres, et des nuées de moineaux, à chaque [troupeau passé, viennent joyeusement piller la bouse, y piaillent, s'y secouent, s'y roulent, puis s'envolent au troupeau suivant, dont les pieds glissent et claquent déjà sur la chaussée, et qui va passer aussi, disparaître, et descendre vers l'Abattoir.

XII

L'Abattoir, du haut des rampes, vous offre, au premier coup d'œil, l'aspect d'une armée de paratonnerres, et vous en comptez en effet près d'une centaine, sur les quarante ou cinquante bâtiments parallèles dont les rangées s'alignent comme des régiments formés en masse. Dans ces nombreux corps de constructions, assez semblables à de longs corps de fermes, largement abrités d'auvents, et comme tout hérissés de piques, sont ménagés dix chantiers d'abatage, dix grandes cours communes où l'on tue spécialement les moutons et les veaux.

Dans une galerie longue et claire, où tombe un

jour d'atelier, une éclatante vision de sang et de gens sanglants, de choses blanches et de choses verdâtres, de flots et de mares d'écarlate, vous remplit d'abord les yeux. Des hommes en tabliers s'agitent au milieu de ruisseaux rouges, de tables, de tonneaux, de bêtes dépouillées, de linges, de paniers, dans toute une confusion de voix, d'appels, de coups de hache, de claquements de sabots, tout cela sous la lumière verticale, comme sous une véranda de photographe. Puis, peu à peu, vos impressions se précisent, et le tableau se détaille. La galerie peut avoir une soixantaine de mètres de long, une vingtaine de larges portes y donnent sur les deux côtés, et le sol, bétonné, descend en deux pentes douces à une rigole centrale où se jettent en bouillonnant de continuelles nappes de sang. Vous remarquez, en même temps, dans cette activité rutilante, tout un matériel particulier, des claies montées sur pieds, de larges tables chargées d'amoncellements, des soufflets, des pendoirs où pendent des files de bêtes tuées, des paniers comme enduits d'une poisse de vendange, fumant comme d'une vapeur de raisin, et des baquets, des chariots, des auges roulantes, où fume aussi ce qu'on y charrie. Les grandes claies à pieds bas s'appellent des « étoux à saigner », les claies basses et petites des « étoux à veaux », les claies carrées et hautes des « étoux à pousser », les

tables des étaux de fondeur », les pendoirs des
« chevalets », les chariots des « corbillards », et
une centaine de travailleurs, chacun selon sa spé-
cialité, déplacent, replacent, remuent, manœu-
vrent ce mobilier, s'occupent à ces chevalets, soufflent avec ces soufflets, besognent sur ces étaux,
roulent ces corbillards, tout inondés des jaillissements qui partent de tous les côtés, tout éclabous-
sés par les débordements qui s'épanchent constamment des portes.

On ne tue pas les bœufs dans ces galeries communes, et, de minute en minute, on en voit seulement passer un, conduit par une corde, un
masque noir sur les yeux, mais on saigne dans les
cours les veaux et les moutons, et ils attendent là
leur tour de mort, en assistant au massacre. Attaché
à la muraille, le veau, tout effaré, serre ses pattes
sous lui. Puis, deux bras nus le détachent, l'amènent
à un étau bas, l'y jettent sur le dos, et un coup de
couteau, brusquement, lui ouvre la gorge comme
un fruit. En quelques secondes, les pattes s'agitent,
le corps se roule, et la tête pend sur une bassine
où retombe, en coulées groseille, et comme en
mousse de vin rose, un jet fumant qui saute
avec des bonds de source. Des troupes bêlantes
en même temps arrivent en se précipitant, et s'en-
gouffrent dans la fournaise. A l'odeur, d'abord,
elles ont reculé, et cette cour rouge les a épou-

vantées, mais un autre mouton en est sorti, trottinant, les appelant, bélant aussi, dressé à les rassurer pour mieux les conduire à la mort, et la troupe, alors, prend confiance. Elle entre, elle suit, et les bras nus, aussitôt, saisissent les bêtes, les embrassent, les enlèvent, les couchent sur les étaux, tranchent les têtes à la file, et par fusées, comme d'une pièce d'artifice, ou d'autant de bouteilles débouchées, vingt fontaines de sang giclent, coulent, glouglourent, répandent des lacs, pendant que toutes les pattes frémissent en l'air, se raidissent, et que toutes sortes d'industries, de spécialités, d'industriosités, remuent, s'agitent, travaillent tout autour. Les « sanguins » traînent le sang dans les baquets roulants, les « fondeurs » grattent la graisse et l'amassent en monceaux neigeux, les « tripiers » portent à bout de bras les mous roses et les foies violets, les « pansiers » tirent les panses au bout de leurs crocs, du geste dont on devait tirer les Césars à la voirie, et toutes sortes de choses flasques, d'un verdâtre joli et clair, s'échappent de toutes ces masses molles, de ces tas d'un brillant livide. Des fumiers jaillissent des intestins ouverts, les continuelles nappes d'eau rouge ne cessent pas de s'épandre des portes, et les « boyaudiers », dans tout cela, dévident leurs pelotons de boyaux, les mettent en écheveaux, les enroulent comme des rubans, les mesurent, les nouent et les suspendent aux étaux, aux tonneaux, aux paniers, à tous les clous des murs, à tous les coins du carnage.

XIII

Après la « cour d'abatage », l' « échaudoir ». C'est de là que partent les vagues rouges qui coulent et roulent sans discontinuité, et là que, selon l'expression du métier, on *fait* le bœuf...

La pièce est haute, plus longue que large, avec une porte à chaque extrémité et, au-dessus de chaque porte, une fenêtre à châssis, d'où le jour tombe en écharpe. A deux mètres cinquante du sol, de fortes poutres en fer, les « pentes », servent à pendre les bœufs tués, au moyen des « tinets », grosses barres posées sur les poutres, et qu'on passe aux jarrets de la bête, entre le muscle et l'os. De longs crocs, auxquels s'accrochent les foies, les mous et les épaules, sortent des murailles. Par terre, un trou de puisard dans un angle ; au mur, dans un autre coin, un treuil ; en l'air, une poulie, d'où retombe un câble ; puis, des seaux, des baquets, des chaînes, des plateaux de balances, des fendoirs, des soufflets, des merlins, des tonneaux ; tout cela gluant et brillant, humide, bilumineux, d'un bitume carminé, dans une atmosphère moite de buanderie et une vapeur de pressoir. L'une des portes, à l'un des bouts, est presque constamment fermée, mais l'autre, celle de la galerie, reste ouverte, et là, presque sur le seuil, à la lumière de la cour, un anneau est scellé dans le sol, au milieu d'une boue rosâtre, dans un gâchis d'éclats blancs.

C'est dans ce décor, sous cette poulie, à cet anneau qu'empoisse la boue rosâtre, au milieu du patron et de ses commis, tous en bras nus et en sabots, que va venir mourir le bœuf. On est allé le chercher à la bouverie, un homme l'amène par une corde, et vous pourriez croire qu'on le conduit au ferrage, sans le masque de cuir noir qui lui couvre les yeux, comme un « loup » de bal costumé. Il bute, hésite, mais le trajet n'est pas long, et il arrive bientôt à la galerie... Là, une fadeur de mort le saisit, et il se rejette un instant en arrière. Mais il ne résiste pas longtemps. Enlevé de ses prés, du coin de rivière ou d'étang où il allait boire, mis dans un fourgon, jeté de nuit sur un quai de débarquement, a-t-il épuisé les stupeurs? Peut-être. Mais il ne se révolte que peu, et avance seulement dans la cour en se raidissant, comme avec l'angoisse qu'on éprouve quand on entre dans une eau froide. Il passe à travers les flaques, les mares, les vagues, les fontaines, les bouillonnements, arrive à l'échaudoir et en franchit la porte.

Pendant quelques secondes, à ce moment-là, il y a, parmi les garçons, un rapide échange de signes, comme un mouvement d'entente avant une manœuvre. Ils viennent autour du bœuf, l'examinent, et regardent si la place est libre. Puis, ils le font retourner vers la cour, lui nouent une corde à un pied, lui enlacent une chaîne aux cornes, passent la chaîne dans l'anneau du sol, et tirent la tête contre terre... Le jour de la galerie, à cette minute, tombe sur le front baissé de la bête, et l'un des garçons, le tueur, ramasse aussitôt le « merlin anglais », l'ajuste entre les cornes, vise, le relève, l'abat d'un geste... Un coup, et c'est fini... Sans un cri, en silence, étouffant seulement un soupir, le bœuf est tombé comme un arbre, dans un bruit sourd, avec un petit trou rouge au front, une petite étoile de sang. Un aide, en même temps, saisit un jonc, l'enfonce dans l'épine dorsale par le petit trou sanglant du front, y broie la moelle épinière, et le travail des couteaux commence. On coupe la gorge, un gros jet ponceau s'en échappe, et le bœuf, à mesure que le jet coule, tressaille, s'agite, regarde vers le ciel. On lui a ôté son « loup », et son œil, à ce moment, reflète une horreur fourmillante, une épouvante irisée, où fuit tout un galop d'images effarées. Le regard, pour s'y fixer, cherche on ne sait quel point de l'infini, et le sang, pendant ce temps-là, continue à couler, les naseaux blémissent, se tordent comme pour pleurer, laissent échapper des mousses vertes, tandis que le tueur, la main au câble, secoue la bête, pour la vider plus vite. Enfin, le cabestan joue, la poulie roule, la corde soulève le mort, le tourne sur le dos, et chacun, aussitôt, lui prend un pied, l'écorche, le désarticule. A retentissants coups de fendoirs, on casse la tête par quartiers, la peau se décolle et se détache, se déroule comme une étoffe, et la grande masse écorchée, nue, éclatante, avec ses poumons roses, ses blancheurs de neige fraîche, étale sa sanglante fournaise, son intérieur de brasier.

XIV

Le bœuf a-t-il souffert longtemps? La mort, ainsi expédiée, n'a pas, du moins, l'atroce longueur du supplice juif, où l'animal doit expirer peu à peu, avec la lenteur rituelle.

Pour cette horrible torture, le bœuf est également enchaîné par les cornes à l'anneau scellé sur le seuil, mais on laisse d'abord la chaîne lâche, sans tirer le front vers le sol. L'un des garçons, placé derrière l'animal, prend ensuite le câble du cabestan, l'allonge, en ligote un pied, un second, un troisième, et le bœuf, toujours debout, inquiet, des baves à la bouche, regarde à droite et à gauche, quand un bruit de mécanique se fait entendre. Le treuil joue, le câble se tend, et tout à coup, sans secousse, par un mouvement soudain et doux, le bœuf, en un instant, est retourné vivant sur les reins. Ses yeux s'effarent, étincellent, se dilatent, mais on vient aussi de serrer la chaîne, et la tête, maintenue par terre, le mufle en l'air, ne bouge pas non plus. Vous pourriez la sculpter vivante avec des pointes de couteau, elle ne se déplacerait pas d'une ligne... Alors, le sacrificateur paraît, et je vois venir un homme petit et replet, les bras courts, au type biblique, avec un tablier de couleur sombre, et une calotte d'homme de bureau. Il a comme une physionomie de laboratoire, toute sa barbe, un sourire, tient un large et long couteau, et j'ai comme déjà vu quelque chose de sa figure dans les vieux tableaux hollandais. Le bœuf, cependant, est toujours immobile, et les yeux continuent seulement à remuer, lorsque le sacrificateur s'approche, se penche avec un geste de myope, donne comme un coup de scie, retire son couteau, puis s'en va vite, trottinant, de son pas d'homme petit et gros.

Un flot d'écarlate jaillit, et un aide, à la hâte, en recueille bassines sur bassines, qu'il transvase dans un tonneau. La tête renversée, les jambes en l'air, raides, comme pendues au câble, le bœuf ne bouge toujours pas, mais toujours aussi ses yeux remuent, tournent, virent, flamboient, lancent d'affreux éclairs noirs et blancs. Le sang dégorge et bondit, les bassines succèdent aux bassines, le tonneau s'emplit peu à peu, et la bouche, à la longue, commence à grimacer. La langue pend, frémit, se met à remuer comme les yeux, les dents rient, se déchaussent, et brusquement, au bout de quelques minutes, les yeux se referment, les dents se recouvrent, toute la pauvre tête semble s'être endormie. Mais un son rauque, au même moment, s'échappe, comme un cri, de l'entaille de la gorge. La face sommeille et repose, mais la blessure s'est mise à sangloter, à pleurer, à clamer du sang. Puis, quelque chose tressaille encore dans les muscles, les yeux se rouvrent, le supplicié se réveille, le sommeil est déjà fini...

Lorsque tout a cessé, qu'on a relâché les liens, et que la douloureuse tête est retombée sur le sol, sans chaîne, sans cabestan, les paupières noyées et collées dans les larmes, je regarde l'heure à ma montre... La simple mise à mort a duré treize minutes.

Il y a, à la Villette, sur trois cents échaudoirs, une dizaine d'échaudoirs juifs, et l'on y « sacrifie » tous les jours, sauf le samedi, jour du Sabbat. Même le samedi, cependant, on peut aussi supplicier, mais à la fin du jour, « à la première étoile »... C'est le Ramadan, mais le Ramadan du sang...

XV

Tantôt par longues voitures où sommeillent et ballottent des masses grognantes et roses, tantôt par petites troupes que poussent et rossent des bouviers, les cochons arrivent au « Brûloir ». Les voitures, ordinairement à claires-voies, s'ouvrent à l'arrière par une trappe, comme de grands pièges à chats, et, cochon par cochon, se déchargent par là. Un homme, dans la voiture même, enlève le cochon par la queue. Deux autres, du dehors, l'empoignent par les oreilles, et le pauvre pourceau roule à terre en trépignant, pour s'engouffrer dans la porte, sous les coups des gamins qui attendent, à cet endroit, les charrettes et les troupeaux.

Une fois passé cette porte, où disparaissent ainsi troupeaux et voiturées, vous êtes dans le Brûloir, et vous voyez devant vous, au-dessus de vous, autour de vous, comme un grand temple noir et dévasté, comme une basilique incendiée, où des bandes de nomades, campées autour de grands feux, se livreraient à des égorgements. La fumée, en s'échappant vers la voûte, par une sorte de coupole, brouille et noie d'abord les formes du monument, mais les lignes ne tardent pas à s'en préciser, et dessinent un dôme élevé, doublement heptagonal, une vaste et haute rotonde à quatorze pans, qu'éclaire d'un jour mystérieux le vitrail circulaire de quatorze baies cintrées... C'est là, dans de longs compartiments, formant comme les rayons d'une énorme roue, et donnant par des grilles au centre de la rotonde, que flambent ces feux de bivouacs autour desquels s'agitent des hommes et des femmes, au milieu des baquets, des tas de paille, des corps saignants, des tourbillons de flammèches. Les hommes sont en tricots, les manches retroussées, le bas des jambes ficelé dans des cordes de paille, et les femmes, de tout âge, vieilles, jeunes, laides, belles, en tablier de grosse toile claire, le chignon à l'air, les bras nus, en galoches et en jupe courte, se dressent, se baissent, portent des seaux, transvasent des jus vermeils, et chargent des chariots, au milieu de tas carbonisés que viennent flairer, comme gaîment, des cochons lâchés par les cases, et qui vaguent parmi les cendres.

Sous les flammes qui montent vers le dôme, et qu'agitent les courants d'air, circulent et flânent, en effet, dans tous ces compartiments, de nombreux groins qui grognent et de nombreuses queues qui frétillent. Mais c'est la flânerie de la fin, la dernière école buissonnière. Les coups de maillet, partout, résonnent sur les hures comme sur du bois, les cochons tombent dans un soupir, et les hommes en tricots et en jambières de paille leur fendent aussitôt la gorge, pendant que les femmes recueillent le sang dans des poêles, tout en l'y remuant, tant qu'il coule, comme on remue certaines sauces savantes. Encore quelques minutes, et les bêtes gisent sans mouvement, la gorge tarie, exsangues. Alors, on les épile. Touffe à touffe, avec des tire-soies, on leur arrache le poil, dont on amasse des paniers. Puis, lorsque dix ou vingt victimes, sous toutes ces mains de femmes et d'hommes, se trouvent ainsi saignées, vidées, sans un duvet, hommes et femmes prennent des brassées de paille, en étendent des lits par terre, y couchent les rangées de cadavres, les recouvrent d'autre paille, les y enfouissent, et mettent le feu... Ainsi finit le cochon, dans une flambée, comme un radjah, et les flambées, hautes, claires, se tordent comme des chevelures, sous le jour voilé du vitrail circulaire où le soleil plonge en rayons qui fourmillent. Les torrents de fumée montent, s'embrasent d'un rouge sombre, se changent en nuages de Bengale, et les tueries et les besognes continuent sous cette aurore boréale. La lueur des flammes fait saillir les silhouttes, illumine d'or et de rose les têtes et les cheveux des femmes, éclate sur les tabliers blancs, et fantasmagorise toute cette vision de bras qui assomment, de mains qui épilent, de sang qu'on remue, et de bêtes encore vivantes qui viennent brouter les mortes.

Une vague carbonisation, de légères braises pétillantes qui meurent et qui se raniment dans des frissonnements de moire, c'est tout ce qui reste, au bout de quelques instants, sur les corps noirs et boursouflés. On les charge ensuite sur des chariots, on range sur d'autres les bassines de mousse rouge, on roule le tout vers une porte, dans un grand hall contigu, et vous pourriez presque, là encore, vous croire dans une cathédrale désaffectée... En haut, des baies cintrées, des fenêtres à vitraux, et, dans les à-côtés, des rangées de chapelles mystérieuses, closes de grille, comme destinées à des cultes privés. Un continuel murmure d'eau, seulement, coule et ruisselle dans cette nef, des femmes tripotent des viandes dans les chapelles réservées, des centaines de corps saignent accrochés à des crocs, et des mains, de tous les côtés, grattent des couennes, tranchent des hures, lavent des entrailles saignantes, dans cette fantastique penderie où peuvent pendre deux mille cochons.

XVI

Voilà donc abattus, écorchés ou flambés, pendus, « parés » pour la vente, les milliers de moutons, de veaux, de bœufs et de porcs, que Paris mange dans sa journée... Comment fonctionnent, maintenant, autour des échaudoirs, des brûloirs et des cours d'abatage, les autres industries de la Cité?

Au bout de l'avenue des Coches, dans le quartier des fumiers, la Triperie dresse sa cheminée, et nous ne sommes plus, ici, dans le cauchemar d'une église incendiée ou d'un carnage, mais dans la vie bruyante de la manufacture. Les chaudières fument, les pistons crachent, les métiers trépident, les courroies de transmission tournent, et les hommes et les femmes, débraillés, dépeignés, travaillent assis ou debout, dans le tapage et la buée, comme dans l'assourdissement d'une filature.

Par tas et par monceaux, des charrettes, continuellement, viennent vider là les têtes des veaux, les pieds des moutons, ceux des bœufs, et la première salle est la chambre des métiers, où l'on « désergote » les pieds de moutons. Dix « ergoteuses » enlèvent d'abord les ergots, vingt « machinistes » enfoncent ensuite les pieds dans des grattoirs à hélices, entre des palettes tournantes, les en retirent mis à vif, aussi lisses que des ivoires, et les transmettent aux « botteleuses », qui les ficèlent en bottes, comme des asperges ou des salsifis... Seconde salle : la chambre d'échaudage ; une vingtaine de chaudières y fument, où trempent d'innombrables « bottes de pieds », et de grosses têtes blanchâtres qui flottent. Apportées par voiturées, et versées là par monceaux, elles passent d'abord par le souffleur. Il en ramasse une au tas, met le tuyau d'air dans une narine, lâche le jet, et la tête, aussitôt, s'enfle en sifflant, avec des gémissements, pendant que les babines remuent et que les yeux se convulsent. Puis, la tête une fois gonflée, le souffleur la pose par terre, sur la section du cou, le mufle en l'air, en souffle d'autres et les place toutes de même, en files, jusqu'à ce que l'échaudeur vienne les prendre, pour les plonger dans les chaudières, où elles surnagent comme des ballons, blêmissent, se décolorent, et deviennent d'une autre chair, en attendant l'écorcheur qui les pèle comme de gros fruits, et les rejette blanches comme du marbre... Troisième chambre : encore des chaudières, mais où chauffent les pieds de bœufs dont on tire l'huile, les panses dont on fabrique le gras-double, et nous voici, plus loin, aux « chambres froides », où les petites bottes ficelées et cuites, et les têtes échaudées et lisses, polies et pâles, attendent la vente à l'ombre, dans des bassins d'eau fraîche, sous les lavages raffermissants et les pulvérisations hydrothérapiques.

Après la Triperie, la Boyauderie, mais qui ne représente guère, là où elle est, qu'un comptoir d'échantillons. Une simple et unique pièce; sur la porte, une plaque de cuivre; quelques tables chargées de monceaux visqueux et blancs; une dizaine d'ouvriers grattant des intérieurs de boyaux ; un petit bureau de comptable installé dans une cabine ; une série de cases de bois pareilles à des compartiments d'épicerie: c'est toute la Boyauderie. Sans l'odeur spéciale qu'il y sent, les manches retroussées des commis, leurs tabliers tachés de sanguinolences, et les étranges rubans qu'ils roulent et qu'ils déroulent, vous penseriez être dans une graineterie. Les cases à graines, seulement, contiennent ici des écheveaux de boyaux salés, préparés pour le charcutier, et en recèlent toute une variété : boyaux de bœuf pour l'andouillette, boyaux de cochon pour le boudin, boyaux de mouton pour la chipolata.

L'Entrepôt des cuirs est plus vaste, et des meules de cornes, de fantastique aspect, s'y élèvent et s'y arrondissent sur le pavé poisseux. Des entassements de rouleaux, pareils à des rouleaux de couvertures, et d'où sortent encore des cornes, encombrent les encoignures, un petit railway mêle ses aiguilles sur le sol, et des gens en sabots, les bras nus, le tablier relevé, étendent par terre des peaux saignantes qui se déploient et se reploient avec des bruits de linges mouillés. Un commis de l'Entrepôt, après les abatages, prend la charrette de la maison, se met lui-même dans les brancards, y attèle un cheval devant lui, et ils vont ainsi tous les deux, le cheval en flèche et l'homme en limonier, chercher les cuirs frais des bœufs, roulés autour de leurs cornes. On regarde alors s'ils sont intacts, s'ils n'ont pas été troués, puis on les traite différemment, selon qu'on doit tout de suite les livrer au tanneur, les expédier en province, ou les garder en magasin, et ceux-là se disposent en piles rondes, entre d'épaisses couches de sel, dans ces étranges meules cornues qui s'alignent sous le hangar. Une de ces peaux, bien en état, vaut de quarante à cinquante francs, et le spectacle n'est pas sans pittoresque, lorsqu'on déploie tous ces tapis de sang frais, fumants et chauds, d'une souplesse de vieux velours. Il y en a d'une pâleur violette, d'autres d'un rose mouillé d'aurore, d'autres qui laissent encore voir le bout du mufle, comme la peau du lion d'Hercule, et d'autres qui rutilent et vivent, sous les mains qui les déplient, comme d'extraordinaires manteaux de pourpre.

L'Usine à sang doit encore être visitée, et transforme en engrais le sang que les sanguins charrient dans les chantiers. La maison, autrefois, drainait à son profit presque tout le sang des abatages, mais une importante usine concurrente, fondée au delà des barrières par le Syndicat des Bouchers en gros, s'en réserve aujourd'hui la plus grande partie, et n'en laisse qu'assez peu à l'usine de l'Abattoir. Celle-ci, cependant, fonctionne toujours, et occupe, en pan coupé, sur une place irrégulière, des bâtiments auxquels leur lanterne de bois, tout encrassée de fumée, donne une silhouette de houillère. Un chaos de tonneaux noirs, c'est tout l'aspect qu'offre la cour, et tout, d'abord, apparaît également noir dans la petite aile gauche, où des multitudes de plateaux pleins de gelée rouge sont rangés, dans tout ce noir, sur des centaines d'étagères... Retraversez la cour, gagnez l'autre aile, et là, un homme, avec une pelle, gâche l'acide et le sang caillé. Il en fait une pâte, en remplit des brouettes, et d'autres hommes vont les vider dans des séchoirs maçonnés. Des cuves, des tonneaux, des ais posés sur des ais ! Et encore des cuves, des tonneaux et des ais ! C'est tout à fait ici comme un pressoir, mais un pressoir où l'on presse un épouvantable vin, où se fabrique une atroce purée qui saigne...

XVII

Et la question sociale? Où en est-elle aux Abattoirs? Où en est, dans ce monde du sang, la germination socialiste?

Je me rends, pour m'informer, au siège du Syndicat des garçons d'abattoir, rue de Flandre, à côté d'un marchand de vin, et je questionne le secrétaire.

— Avez-vous des plaintes à formuler contre les patrons?

— Des plaintes? me répond-t-il tout de suite... Ah! oui, nous en avons, des plaintes, à formuler... Moi, d'abord, tel que je suis là, voilà déjà un an que je suis à pied, et plus de six mois que je ne trouve plus rien à faire... Les patrons?... Ah! nous ne leur plaisons guère, et ils n'aiment guère les syndiqués... Quand il y a quelqu'un à prendre la « corvée », ça n'est pas souvent nous qu'ils prennent!

— Qu'entendez-vous par la « corvée » ?

— La « corvée » ? Mais c'est bien simple... Il y a, dans les échaudoirs, des garçons qui sont « en pied », et travaillent toujours chez le même patron. Et puis, il y a les irréguliers, ceux qui n'ont pas d'engagement, qui sont libres, et qui travaillent à la journée, tantôt chez un patron, tantôt chez un autre. Ils se réunissent tous les jours à côté d'ici, devant la grille, et les patrons chez qui il y a trop d'ouvrage, ou qui manquent de personnel fixe, viennent les embaucher là pour la journée... Voilà ce que c'est que la « corvée ».

— Je vois... C'est une « louée » comme celles des foires. Seulement, on s'y loue au jour, au lieu de s'y louer à l'année.

— C'est cela.

— Et les patrons, dans ces « louées », n'embauchent jamais de syndiqués ?

— Ah ! c'est bien rare... Moi, on ne m'embauche plus du tout !

— Y a-t-il des syndiqués parmi les garçons en pied ?

— Oui, quelques-uns.

— Combien les garçons d'abattoir sont-ils en tout, syndiqués et non syndiqués ?

— Douze cents.

— Et combien, dans ce nombre, êtes-vous de syndiqués ?...

Ici, le secrétaire hésite, hoche la tête, et finit par me répondre :

— Trois cents...

Nous étions dans le « jardin » du Syndicat, c'est-à-dire dans un petit bout de terrain clos, entre un mur et une palissade, sous des petites boules métalliques suspendues à une ficelle, près d'une table où traînaient des cartes, et le secrétaire, qui m'avait fait asseoir là, s'était assis lui-même devant moi, l'air ennuyé, les coudes sur les genoux, en pantoufles, dans un tricot rayé, avec ses bras inutiles d'ouvrier qui ne travaillait plus. Je le priais de m'expliquer les conditions dans lesquelles s'était fondé le syndicat, et il me répondait, en pesant bien ses mots :

— Notre syndicat existe depuis longtemps, mais fonctionne surtout depuis la grève de 1897... Les Abattoirs, à cette époque, n'étaient pas réglementés, et les patrons vous y écrasaient de travail. Il y avait environ une maison sur dix où les abatages commençaient à minuit, trois où ils commençaient à deux heures, et, dans la généralité, on abattait dès trois heures du matin. On travaillait ainsi jusqu'à six et sept heures du soir, pour reprendre encore à trois heures, à deux heures ou à minuit... Tout le monde, alors, s'est mis en grève pour réclamer une réglementation, et, le 11 novembre 1897, la Préfecture de la Seine nous la donnait.

On ne doit plus, depuis cette époque, abattre avant cinq heures du matin... Mais ce règlement n'est pas toujours observé, les patrons le violent, et c'est pour tenir la main à ce qu'on l'observe que nous nous sommes syndiqués... On n'a pas le droit d'abattre avant cinq heures, et il y a des échaudoirs qui ouvrent à quatre heures et demie. On n'y abat pas si vous voulez, mais on s'y prépare, on dispose le matériel, on tourne, on range, on bricole... C'est encore du travail, et nous réclamons contre ce travail-là!... On doit aussi, dans la soirée, fermer les échaudoirs à six heures, mais on ne les ferme pas toujours. Vous en voyez qui sont encore ouverts à six heures passées, six heures et demie, sept heures moins le quart... C'est du supplément, et nous n'en voulons pas non plus!... De même, pour les heures de vente... La vente, dans les échaudoirs, ne doit régulièrement commencer qu'à une heure, à son de cloche, et il y a bien une cinquantaine de maisons qui la commencent à neuf heures... Là encore, nous réclamons... On ne doit vendre qu'à la cloche... Et de même aussi pour les enfants... Les enfants, d'après le règlement, ne doivent travailler qu'à partir de seize ans, et il y en a qu'on fait travailler avant. On n'en voit pas trop « dans les bœufs », mais j'en connais « dans les veaux »... Il y en a aussi « dans les moutons »... On leur fait faire la

« dégraisse », et nous réclamons également...
Nous réclamons contre tout cela!

— Et comment vous y prenez-vous?

— Nous faisons faire des procès-verbaux... Dès qu'ils s'aperçoivent d'une infraction, les syndiqués viennent me prévenir, et je vais requérir un agent, qui dresse un procès-verbal... Rien qu'en une semaine, dernièrement, j'en ai fait dresser plus de sept cents, pour obliger M. Chausse, le conseiller municipal, qui avait à faire une interpellation. Autrefois, quand j'étais « en pied », j'avais même fait dresser, un jour, un procès-verbal à mon patron...

— Vous faisiez dresser des procès-verbaux à votre patron?

— Moi?... J'en ferais dresser à mon père!... Nous voulons qu'on observe le règlement, et nous n'admettons même pas qu'on accorde des permissions... Il y a quelque temps, la Préfecture en accordait encore. Elle autorisait quelquefois les bouchers, dans certains cas exceptionnels, à commencer l'abatage une heure plus tôt, mais nous y avons mis bon ordre, et on n'accorde plus de permissions...

— Plus du tout?

— Plus du tout!

— Mais, lui dis-je alors, n'en accorde-t-on pas aux bouchers juifs, à cinq ou six dates de l'année, pour les abatages de leur rite? N'est-ce pas d'autant plus surprenant que les abatages juifs, en réalité, sont une violation de la loi Grammont, et n'est-il pas bien remarquable que la Préfecture de la Seine suspende ainsi elle-même son propre règlement pour aider à violer une loi? Est-ce que vous ne réclamez pas aussi là-contre, et ne seriez-vous même pas ici doublement fondé à le faire, puisque vous réclameriez à la fois contre la violation du règlement et contre celle de la loi?

Un peu embarrassé, le secrétaire, alors, gardait le silence, puis se décidait enfin à me dire:

— Nous réclamons, sans distinction, contre toutes les violations du règlement, et contre celles des Juifs comme contre celles des autres... Seulement...

— Seulement?

— J'ai voulu faire dresser, une fois, un procès-verbal aux Juifs, et il m'est arrivé un désagrément...

— Un désagrément?

— Oui... Je venais un soir de me coucher, et il était peut-être neuf heures, quand X... et Z... arrivaient tout à coup me crier en me réveillant : « Viens vite, on tue chez les Juifs!... » Je me lève et nous allons requérir un agent... Mais on ne voulait pas nous le donner, on nous disait d'aller

au commissariat... Nous allons donc au commissariat, nous expliquons pourquoi nous venons, et
savez-vous ce qu'on nous répond?... « Ah! vous
venez pour qu'on verbalise?... Attendez...» Et on
nous emballe tous les trois... On nous a bien
relâchés sur les minuit, mais nous avions tout
de même passé deux heures dans le violon!

— Et, dis-je au secrétaire, formulez-vous encore d'autres réclamations?... Réclamez-vous à
propos des salaires?

— Oh! me répondait-il, il y aurait bien encore
d'autres choses... Et nous pourrions bien, par
exemple, réclamer pour les blessures, pour les
accidents... Et même aussi pour les salaires...
Ah! on ne vit pas vieux dans le métier... On n'y
fait pas souvent de vieux os... Et puis, voyez-vous,
on y boit trop, on y boit comme des trous... Mais
nous ne réclamons pas, malgré tout, pour les
salaires... C'est tout... Nous ne réclamons rien
de plus...

Quelques minutes plus tard, j'avais quitté le
« jardin du Syndicat », et je me trouvais dans une
cour d'abatage, devant un échaudoir, entretenant
un garçon non syndiqué.

Il avait fini son ouvrage, et se reposait assis sur
un étou, fumant sa cigarette, les bras nus, lavés
de frais, un grand linge blanc sur la tête, à la
manière d'un Bédouin, et je lui demandais :

— Vous êtes, les non-syndiqués, plus nombreux que les syndiqués?

— Mais, me répondait-il, nous sommes presque tous non-syndiqués.

— Est-ce que les syndiqués ne sont pas trois cents?

Le non-syndiqué, à cette question, se levait vivement de son étau, en faisait le tour, haussait les épaules, se rasseyait, et me disait en se mettant à rire :

— Trois cents?... On a voulu vous dire cent !

Puis, il m'expliquait tout en fumottant et en se balançant sous son linge :

— Voyons, ça n'est pas sérieux, leur syndicat... Est-ce que, si ça l'était, nous n'en serions pas tous?... Mais ça ne l'est pas !... Là-dedans, d'abord, on ne paye pas régulièrement ses cotisations... C'est un désordre, un désordre !... Pour fonder un vrai syndicat de garçons, voyez-vous, il faudrait le faire fonder par les patrons. Ils vous retiendraient tant sur la semaine ou sur la corvée, on se cotiserait alors malgré soi, et on commencerait peut-être à devenir sérieux... Mais des syndicats comme celui-là?... Ah !...

— Et leurs réclamations ?

— Leurs réclamations?... Mais elles sont justes, dans le fond, leurs réclamations !... La grève a eu ses motifs... Il y avait, à ce moment-là, des mai-

sons qui n'étaient pas raisonnables... C'est vrai...
On y travaillait trop, on n'est pas de fer, et il
fallait, en effet, un règlement... Maintenant, ce
règlement existe, on a tort de ne pas l'obser-
ver, et on fait bien de réclamer contre ceux
qui ne l'observent pas... Tout ça, c'est encore
très vrai !... Mais, tout de même, là encore, dans
les réclamations, on ne s'y prend peut-être pas
toujours de la façon dont on devrait s'y prendre...
Faites contre moi une réclamation juste, et je
serai le premier à dire qu'elle est juste. Mais si
vous ne la faites pas comme elle doit être faite,
si vous la faites seulement pour venir m'ennuyer,
ça n'est plus une réclamation !

— En somme, ils ne réclament que l'obser-
vation du règlement ?

Tout simplement... On ne doit pas abattre
avant cinq heures du matin... On ne doit pas
vendre avant une heure... On doit fermer à six
heures... On doit n'employer que des jeunes gens
d'au moins seize ans...

— Et pour les accidents ?

— Nous avons une société de secours mutuels,
et les patrons eux-mêmes en font partie, comme
membres honoraires... Voyons !... Est-ce qu'il
faut jeter la pierre à un patron, uniquement parce
qu'il est patron ?... Mais nous le devenons nous-
mêmes, nous, patrons !

— Et pour les salaires ?

— Pour les salaires, un maître garçon a dans les cent francs par semaine, quelquefois moins, et les autres dans les soixante-dix, soixante, cinquante francs... A la corvée, on donne de dix à douze francs la journée... Au total, c'est raisonnable... Je sais bien que le métier vous use, mais c'est surtout parce qu'on y boit... Ah ! pour y boire, on y boit !... Maintenant, boirait-on moins si on était syndiqué ?... Non, n'est-ce pas ?... Et puis, je m'en vais tout vous dire... Les syndiqués, voyez-vous, c'est encore de la politique ! Ce sont des politiciens qui veulent abuser des autres, et les faire travailler pour eux... C'est l'histoire des meneurs qui vont boire le champagne pendant que les menés crèvent de faim...

XVIII

Presque partout, le travail était fini, on lavait les cours à pleins seaux, et j'allais aussi questionner un patron. Il me faisait asseoir sur un banc, à l'entrée de son échaudoir, s'asseyait à côté de moi pendant qu'on vendait sa viande, et j'avais à peine commencé à lui parler des syndiqués, lui demandant s'ils n'étaient pas une centaine, qu'il

me regardait obliquement, et me disait en se mettant à rire:

— Les syndiqués?... Ils sont trente...

— Trente? Ils ne sont que trente syndiqués?

— A peu près... Pas beaucoup plus...

Et il continuait, après avoir tiré de sa blouse
un gros calepin, et crayonné, sur des petites notes, des chiffres que lui dictait son maître-garçon :

— Les ouvriers, chez nous, n'ont pas intérêt
à se mettre en syndicat, et ceux qui le font sont
l'exception... C'est l'élément étranger, l'élément
« casseur », celui qui n'aime pas le métier et qui
fait de la politique... Ainsi, le garçon qui a mené
la grève, en 1897, a posé ensuite sa candidature
comme député. Il a échoué, et n'a pas seulement
ramassé cinq cents voix. Il est maintenant chez
un juif, et ça devait aussi lui arriver... La vérité
est que nous ne sommes pas, aux Abattoirs, dans
un milieu ouvrier ordinaire, et que le personnel
ne s'y recrute pas comme dans une usine. Nos
ouvriers, à nous, sont des fils de fermiers, des
manœuvres de campagne, des garçons bouchers
de province, des ruraux. Ils arrivent de leur pays,
font leur apprentissage petit à petit, montent en
grade, et deviennent facilement patrons... Nous
avons bien aussi une espèce de garçon qui ne vaut
pas cher, et je n'aime pas beaucoup, quant à moi,
faire travailler à la « corvée ». Il y a, parmi ces

gens-là, trop de fainéants et de rien-du-tout... On ne sait seulement pas d'où ils sortent, et ils gâtent la profession. Mais elle est tout de même encore un peu ce qu'elle était, on n'y a pas encore complètement perdu toute espèce d'esprit de famille, et l'esprit de famille, notez-le bien, n'a jamais rien eu de commun avec l'esprit de syndicat...

— Et le règlement ?

— Le règlement ?...

Le patron, ici, s'interrompait de nouveau pour inscrire encore d'autres chiffres sur les petites notes qu'il tirait de son calepin, puis poursuivait en le refermant :

— Eh bien, le règlement est très joli, très juste, très bien fait, très humanitaire, mais il sera la mort du métier, et, quand le métier sera mort, ceux qui en vivent mourront aussi... Que des ouvriers d'usine et de fabrique, dont la vie n'a rien de commun avec celle de leur directeur, et qui ne le voient même jamais, pensent avoir à se défendre contre lui, réclament pour cela une réglementation, et forment un syndicat pour veiller à cette réglementation, ils ont peut-être bien raison... Mais ici, chez nous, dans nos échaudoirs ?... Quelle espèce de rapport y a-t-il entre le patron que je suis et celui qu'est un directeur d'usine?... Je fais pour vingt mille francs d'affaires par se-

maine, souvent même davantage... Je remue un
million par an... C'est vrai... Mais je n'en travaille pas moins moi-même tout comme mes garçons '... Je suis là avec eux tous les matins, le
couteau à la main comme eux, avec mes sabots
comme eux, et « faisant » mes bœufs, mes veaux
et mes moutons comme eux !... Est-ce que, par
conséquent, tout patron que je suis, je ne suis
pas ouvrier comme ils le sont, et de la même
classe, du même monde ?... Tenez, écoutez-nous
seulement causer, et vous allez entendre le maître tutoyer l'ouvrier, et l'ouvrier tutoyer le maître.
Je tutoie mes garçons, et ils me tutoient...
Qu'est-ce qu'un règlement administratif, je vous
le demande, vient faire, dans ces conditions, entre
des ouvriers et des patrons comme nous ?... Si
encore il s'agissait de travaux pouvant raisonna-
blement se réglementer, de travaux qu'on pourrait commencer et finir ensemble, on compren-
drait... Mais chacun, chez nous, a son travail
particulier, chacun fait sa besogne à part...
Ajoutez qu'il y a des jours où l'on n'a presque
pas de travail, d'autres où l'on en a trop...
Ajoutez encore que la besogne du jour, dans
la boucherie, ne peut pas se remettre au lendemain, pas plus que celle du lendemain ne
peut se faire la veille. Vous ne pouvez pas tuer
le lundi ce qui doit n'être tué que le mardi, et si

un bœuf, à six heures du soir, menace de tomber malade, vous ne pouvez pas, sans le perdre, attendre le matin pour l'abattre... Est-ce donc du bon sens, je vous le demande encore, de réglementer une pareille industrie comme on réglemente une caserne ?... Que des patrons soient capables de commettre des abus, et qu'il y en ait eu qui en aient commis, je ne le nie pas, et on trouvera toujours des gens pour abuser, comme on en a toujours trouvé... Mais il fallait y remédier autrement, et ne pas nous infliger le règlement qu'on nous inflige. Il en résulte déjà une conséquence malheureuse, et qui nous mènera à un désastre : c'est la limitation des abatages. Leur insuffisance rend de plus en plus nombreuses les entrées de viandes étrangères, ces entrées tuent peu à peu la Boucherie en gros, en détruisent peu à peu le commerce, et le plus clair, dans tout cela, ce sera, à brève échéance, la disparition même de la profession, où toute une classe d'ouvriers gagnaient largement leur vie, et parvenaient facilement à l'aisance. . Voilà la véritable fin de leur grève, et ce qui en sera vraiment sorti : une série de tracasseries administratives, et toute une industrie compromise par ces tracasseries, pour complaire à trente fainéants !

La vente, à ce moment, battait son plein. On saignait encore, en quelques endroits, au-dessus d'une petite mare de laque rouge, un veau ou un mouton, mais la cour, partout ailleurs, reluisait, humide et propre, nette, brillante. Les bouchers s'y promenaient comme dans une exposition, tâtant du bout de leur canne les demi-bœufs pendus, les garçons se reposaient sur les étaux, leurs bras nus croisés, la tête sous leurs linges, comme après un bain, et j'allais, en quittant le patron, au quartier de la porcherie, pour interroger, à leur tour, les ouvriers charcutiers. Contrairement à ceux de la boucherie, ils étaient dans le feu du massacre, et me parurent aussi surexcités, aussi mécontents, aussi nerveux, au milieu de leurs cochons hurlants, que les garçons de l'autre quartier m'avaient semblé satisfaits.

— Ah! me disait avec explosion un syndiqué de la partie, l'ouvrier, dans la Charcuterie, n'est pas heureux... Nous ne sommes pas beaucoup, soixante-quinze seulement... On n'est même que quarante-cinq syndiqués, et notre petit nombre, il y a trois ans, s'est trouvé noyé dans la grève... On a abusé de nous, on nous a sacrifiés!

— Et comment?

— On était deux mille dans la salle, et tout le monde parlait, criait, levait les bras...On ne s'entendait plus... Alors, nous avons pris un arbitre, et nous pensions qu'il réclamerait pour nous le règlement que réclamait tout le monde... Mais on lui a payé un verre, et les « marchandeurs » l'ont tourné contre nous... Nous avons été trahis !

— Alors, la Charcuterie n'a pas de règlement ?

— Mais non, et toute la question est là ! La Boucherie est réglementée, mais la Charcuterie ne l'est pas ! Voilà pourquoi nous réclamons ! Nous voulons un règlement, et nous ne voulons plus de « marchandeurs » ! Nous ne voulons plus avoir à faire qu'aux « gargots », sans « marchandeurs » et sans intermédiaires !

— Et qu'est-ce que c'est que les « marchandeurs » ? Et qu'est-ce que c'est que les « gargots » ?...

— Les gargots, m'expliquait alors le syndiqué, ce sont les patrons charcutiers, pour qui nous abattons les porcs, et les marchandeurs sont leurs commis, chargés de faire faire l'abatage. Les gargots donnent au marchandeur vingt-cinq sous par porc prêt à être livré, et le marchandeur, pour livrer un plus grand nombre de porcs, au meilleur marché pour lui, embauche le moins qu'il peut d'ouvriers et d'ouvrières, en leur faisant faire le plus d'ouvrage possible... Aussi, vous devinez ce qui se passe, et pourquoi les marchandeurs nous empêchent d'obtenir une réglementation. D'abord, ils n'embauchent pas également syndiqués et non syndiqués, ils prennent plutôt les seconds, et je

voudrais bien même savoir s'ils en ont le droit !...
Ensuite, les femmes, le soir, travaillent jusqu'à
neuf heures, et les hommes jusqu'à onze! Ils n'en
peuvent plus, et un homme, avec tout ce qu'on lui
fait faire, n'a jamais que dix francs par jour, comme une femme n'en a jamais que cinq, pendant
que le marchandeur, lui, fait fortune, et gagne jusqu'à trente mille francs par an !... Eh bien ! il
faut que cela cesse... Il faut qu'on nous donne un
règlement, que les marchandeurs s'en aillent,
qu'on supprime les intermédiaires, et que les bénéfices se partagent entre les gargots et nous !

Et il ajoutait :

— Au fond, qu'est-ce que nous demandons ?
Tout simplement le retour au régime d'autrefois,
à ce qui existait avant 1874 !

— Vous ne réclamez que le retour au régime
d'autrefois ?

— Oui, nous ne réclamons que ça...

Après cette opinion d'un ouvrier charcutier sur
les marchandeurs, je tenais à avoir celle d'un
marchandeur sur les ouvriers charcutiers, et j'en
trouvais un rue de Flandre, au café. Il se délassait
là, dans une partie de manille, de ses occupations
de la journée, et me répondait, dès ma première
question, avec un haussement d'épaules :

— Nous, dans la Charcuterie, nous avons un
malheur, c'est la zizanie, et une zizanie comme on

n'en imagine pas... On se déchire, on se dévore ... C'est un enfer où personne ne pourra bientôt plus rester... Alors, vous avez vu les syndiqués ? ... Eh bien?... Qu'est-ce qu'ils racontent? Qu'est-ce qu'ils veulent? Qu'est-ce qu'ils réclament ?

— Un règlement.

— Un règlement ?... Comment, un règlement ? ... Mais ils en ont, un règlement, et même plus sévère que celui de la Boucherie, car vous ne pourriez pas le violer, quand bien même vous le voudriez! Non seulement il nous est défendu, à nous, de tuer avant cinq heures du matin et passé six heures du soir, mais un employé, tous les soirs, vient fermer le Brûloir à l'heure, en emporte la clef, et ne revient le rouvrir que le matin, également à l'heure !... Qu'est-ce qu'ils veulent donc, et qu'est-ce qu'il leur faut donc ?

— Ils prétendent que les femmes travaillent le soir jusqu'à neuf heures et les hommes jusqu'à onze heures.

— Mais c'est une plaisanterie ! répliquait le marchandeur qui paraissait indigné... Hommes et femmes, effectivement, doivent bien travailler le soir, mais vous allez voir comment... La « marchandise », chez nous, doit être « fendue fraîchement », à la dernière minute, et ne peut l'être, en conséquence, que dans la soirée, après le premier travail. Or, tout ce premier travail, qui commence au Brûloir pour se terminer à la Penderie, peut et doit finir à une heure, à la condition qu'on s'y soit mis dès le matin et qu'on n'ait pas perdu son temps chez le marchand de vin... Ensuite, jusqu'à sept ou huit heures du soir, les ouvriers et les ouvrières sont libres, et reviennent bien pour le « fendage », qui les retient environ une heure et demie, mais après avoir disposé, entre leur première besogne et la seconde, de tout leur après-midi pour se reposer, manger, dormir, s'asseoir, se coucher, s'amuser, et faire tout ce qu'ils ont voulu... En somme, ils travaillent huit heures, pas une minute de plus, et n'ont jamais travaillé davantage... Voilà comment on les surmène... Et c'est tout ?

— Non. Ils vous reprochent aussi de ne pas embaucher les syndiqués.

— Les syndiqués ?... Mais nous ne les connaissons pas, les syndiqués ! Nous ne savons pas même ceux qui le sont ou qui ne le sont pas !... Et qu'est-ce qu'ils nous reprochent encore ?

— Ils disent que vous ne les payez au plus que dix francs par jour, pendant que vous faites fortune en gagnant trente mille francs par an.

Le marchandeur, ici, éclatait de rire, et me répondait, tout secoué de gaieté :

— Trente mille francs par an ?... Trente mille francs par an ?... Mais ils sont fous !...Où peuvent-ils bien aller prendre que nous gagnons trente mille francs par an ?... Mais nous ne sommes que des ouvriers comme eux, et tout autant qu'eux pour l'ouvrier ! Nous ne sommes que de simples gérants d'équipes, de simples maîtres-garçons, de simples employés de patrons, et pouvant toujours être, comme tous les ouvriers, remerciés du jour au lendemain par le patron... Non !... Notre malheur, je vous le répète, c'est la zizanie, une zizanie comme on n'en voit pas ailleurs !... Et savez-vous pourquoi ?... Parce que le recrutement se fait mal... L'ouvrier, chez nous, est recruté, la plupart du temps, parmi les anciens charcutiers faillis, les anciens marchands ruinés, les anciens patrons qui n'ont pas pu rester patrons... Des aigris, des mécontents, des malheureux ! Des gens qui en veulent au monde entier, qui se plaignent, qui crient toujours !... Trente mille francs par an !... Mais je me les souhaiterais, les trente mille francs par an !... Je voudrais bien les gagner !... Et qu'est-ce qu'ils peuvent bien encore dire de plus ?

— Mais ils demandent votre suppression, celle de tous les intermédiaires entre les gargots et eux, et prétendent simplement réclamer ainsi le retour à ce qui existait avant 1874.

Alors, le marchandeur était littéralement confondu, et les bras semblaient lui tomber. Il reculait violemment sur sa banquette, se rapprochait, me regardait bien, puis me disait, les coudes sur la table :

— Savez-vous ce qui existait avant 1874, depuis quand on nous a créés, et par qui nous l'avons été?... Eh bien, avant 1874, en effet, les ouvriers charcutiers étaient directement employés par les gargots, mais ils payaient, à cette époque, tous les frais de matériel et d'abatage. Ils n'ont pas voulu continuer, nous ont alors mis où nous sommes, entre les gargots et eux, pour nous faire supporter les frais qu'ils ne pouvaient plus supporter, et c'est depuis ce moment-là, à leur propre demande, par leur propre initiative, que le système actuel, où nous avons maintenant tous les frais à payer, a commencé de fonctionner !... Ce n'est pas, par conséquent, contre les patrons, auxquels ils n'ont pas à faire, ni même contre nous, qu'ils sont ici en révolte, mais contre eux-mêmes, contre ce qu'ils ont voulu, imaginé, exigé eux-mêmes ! Ils réclament notre suppression, et c'est eux-mêmes qui nous ont inventés ! Ils ne veulent plus d'intermédiaires, et c'est eux-mêmes qui en ont voulu ! Qu'on leur redonne ce qu'ils redemandent, après avoir déjà demandé une fois qu'on les en délivre, et ils redemanderont encore qu'on les en redélivre encore !... Non, voyez-vous, ils sont fous !... Ils divaguent, ils déménagent... Je vous répète qu'ils sont fous...

XIX

Que de remarques de tous les ordres pourrait inspirer le spectacle de cette dramatique et laborieuse cité de la Villette ! Et n'est-elle pas, d'abord, comme une véritable corporation d'autrefois, conservée intacte, dans le Paris contemporain ? N'a-t-elle pas gardé toutes les qualités de force, de bon sens, de richesse, d'esprit professionnel, de hiérarchie familiale des anciennes corporations ? On constate des discordances, des commencements d'anarchie, mais la note dominante, dans ce cadre de travail dur et violent, reste encore, malgré tout, la mesure dans les prétentions, la bonhomie, la discipline, le sens commun, la paix dans les idées. Habillés de même, sous le même tricot, avec les mêmes sabots, le patron et le garçon n'en demeurent pas moins, jusque dans le tutoiement, l'un le patron et l'autre le garçon. Rien ne les désigne, et personne, cependant, ne s'y tromperait une minute. Entre ce maître qui travaille à côté de son ouvrier, et cet ouvrier qui voit travailler son maître, il y a comme une distance militaire. On dit le garçon d'abattoir cruel et dur, et souvent, en réalité, il est plus

humain et plus doux qu'un autre. Chez les bouviers, qui n'ont qu'à mener les bêtes, la brutalité
est fréquente. La cruauté est beaucoup plus rare
chez les abatteurs qui les tuent.

Si pittoresque que soit un milieu, un autre milieu peut toujours le dépasser, mais on ne voit pas
celui qui dépasserait la Villette. Il y a vraiment
là, à ce bout de Paris, tout un monde extraordinaire, où tout est continuellement coloris, théâtre,
eau-forte ou tableau. Les peintres ne savent pas
les « coups de lumière » et les « effets de palette »
d'une cour d'abatage. Les sculpteurs ne se doutent pas des « mouvements » qu'on y surprend.
Les auteurs dramatiques ignorent les étonnantes comédies, prodigieuses de dialogue, de pantomime, et même de péripéties, qui se jouent
par multitudes sur l'énorme scène du marché.
On devine plus facilement l'angoisse qui vous
étreint devant tous ces pauvres troupeaux hurlants, et tous ces ruisseaux, tous ces flots, toutes
ces cataractes rouges, mais il faut avoir vu ces
agonies pour savoir tout ce qu'elles vous disent
d'infini...Et ne cherchez pas là un thème, un prétexte, une atmosphère de roman. Ne voyez pas
un cadre pour une fantaisie dans cette ville spéciale et terrible d'où montent à la fois des clameurs comme celles de la Bourse et des gémissements comme il en ien des massacres ! Vous

vous tromperiez, et tout le roman, ici, tout le drame, c'est la continuelle immolation, la continuelle tuerie, le dur et fatal drame de la mort pour la vie, où coulent perpétuellement, pour que Paris mange et jouisse, des milliers de fontaines de sang de milliers de source qui souffrent...

XX

Dès huit heures, tous les soirs, le quartier de l'abattoir, si vivant la journée, est le plus recueilli, le plus monacal, le plus désert de Paris. De temps à autre, vous voyez encore sortir de la cour une charrette chargée de peaux sanglantes que les cahots secouent dans la lueur des lanternes, mais c'est tout, et la rue elle-même est profondément muette et déserte. Vous n'y apercevez plus un marchand de vin ouvert... Peut-être, au-dessus d'une porte, à travers un vasistas, distinguerez-vous encore une lumière, mais la lumière s'éteindra vite. Peut-être aussi, dans le silence, un pas claquant et précipité vous fera-t-il tourner la tête, et verrez-vous passer, sous le rayon d'un reverbère, un homme horriblement accoutré, tout blanc et tout souillé de rouge, une sorte de pierrot tombé dans le sang, avec des ceintures et des carquois, des tabliers derrière et devant, et tout un embarras de chaussons dans tout un vacarme de sabots. Mais il paraît pressé de rentrer, s'en va, et tout se rendort dans le quartier, comme dans le cloître ou le préau d'une Trappe.

Toute la nuit, cependant, quelle que soit l'heure, l'Abattoir peut être librement visité, et les grilles en restent ouvertes. Là encore, seulement, c'est le désert, mais un désert étrange, et tout illuminé, tout semé de pâles globes électriques, de longues files de lunes sourdes, dans le mystère laiteux desquelles un perpétuel bruit d'eau rigole. Un gardien de la paix, près de la grille, se promène devant un poste, mais tout, autour de lui, est si fantomatique, que sa pèlerine et son képi sont aussi comme d'un fantôme. Et fantôme, également, la colonne de l'horloge dont les quatre cadrans, à travers leur transparence barbouillée, montrent l'heure aux quatre vents. Fantômes, les pancartes des guichets, les indications des bureaux, les enseignes des pavillons. Fantôme, le douanier qui sommeille là derrière sa vitre, et fantômes les auvents, les portes, les profils, les toitures des bâtiments... Ensuite, la cour franchie, les larges avenues s'allongent, mais désertes comme le reste, et laissant voir sur leur parcours, sous la faible clarté violâtre, de mystérieux intérieurs, des mondes de choses

vagues, des tables, des crocs tendus, des dé-
routes d'objets bizarres, des silhouettes patibu-
laires, de grandes formes blanches qui pendent,
de grands écorchés rouges écartelés à des poutres, et tout cela brillant, moiré, mouillé, comme
lavé et relavé par le perpétuel bruit d'eau... Et
toujours personne, pas une âme!.. Puis, un mu-
gissement s'élève, d'autres lui répondent, se
mêlent, sanglotent, et des étables, en effet, se
montrent bientôt aussi, longues, profondes,
avec leurs bœufs couchés au clair des globes
électriques, dans la paille bleue des litières,
comme aux anciens clairs de lune de l'Auvergne
ou du Nivernais.

Et l'avenue, toujours déserte, à travers son
murmure d'eau, ses apparitions de mort fraîche,
de supplices et d'étables bleues, vous conduit ainsi
à un rempart, à une sorte de citadelle. Levez les
yeux, et l'idée de la citadelle se précise, car une
sentinelle s'y promène. Montez, et tout change
alors à vue, comme à la scène, au coup de tim-
bre d'un régisseur... A l'horizon, Paris, et
près de vous, sous vos pieds, des canaux, des
reflets dans l'eau, des miroitements, des cla-
potements, des bateaux. Les mugissements, en
même temps, déferlent plus lamentables, les files
de lunes vacillantes forment au loin comme un
champ, et toute une confusion de cris, d'appels,

de chocs, de hurlements, tout un tumulte arrive d'un côté... Passez le rempart, redescendez, et, là où le bruit vous attire, vous trouverez en effet tout un fantastique mouvement de gare, où de continuels convois dégorgent des troupeaux sous les vagues lunes qui clignotent. Des nuées de bouviers en blouses, en vestes, en tricots, en guenilles, en paletots, surgissent de terre avec leurs longs bâtons, comme de grands cousins de nuit avec leurs aiguillons, sautent sur les wagons, s'y cramponnent, y piquent, y fourragent, en font sortir les bêtes qui trébuchent et glissent dans la boue, les monceaux de paille, les fumiers, les cadavres ballonnés des bestiaux crevés en route... Puis le convoi s'en va, d'autres suivent, dégorgent d'autres troupeaux, d'autres nuées de bouviers s'envolent du pavé, et d'autres bandes disparaissent sous d'autres ouragans de coups...

Je me rappelle ainsi une visite faite un été, et ma station sur la passerelle du canal, les milliers de mugissements s'exaltant ou s'assoupissant, le champ des lunes expirantes, les globes qui mouraient ou se ranimaient, le tumulte de la gare, le bruit d'eau, le désert, la fantomatique sentinelle, et le phare de la Tour-Eiffel tournant à tours de lueur et d'ombre, au fond de la fête de Paris.

UN BOURG DE FRANCE

UN BOURG DE FRANCE

Octobre 1899.

I

L'ignorance où les Français sont de la France est une des choses les mieux établies du monde. Nous sommes, pour tout ce qui concerne la vie intime et locale de notre pays, comme ces Parisiens qui ne connaissent de Paris que le boulevard et les théâtres, les quartiers *où l'on habite*, et les restaurants *où l'on va*. Même de Notre-Dame et du Louvre, ils n'ont, au fond, que la plus vague idée, et n'en sauraient peut-être rien sans les étrangers ou les provinciaux qui leur en parlent. Nous ne connaissons ainsi, en général, qu'une certaine France superficielle et convenue, très incomplète et très fausse, et nous ignorons tout, ou presque tout, de la France réelle et vraie, de ses particularités populaires, professionnelles, historiques, pittoresques, économiques. Que de surprises et quelquefois que de stupéfactions, dans les déplacements les plus simples ! C'est tantôt le site ou paysage qui mériteraient « d'être dans les *Guides* », et que personne, pourtant n'a jamais signalés, et tantôt les souvenirs, les légendes, l'histoire ou la vie même d'un pays, dont on s'étonne, comme pour les paysages et les sites, non seulement qu'on n'en sache rien, mais qu'il ne se fasse rien pour qu'on en sache quelque chose. Le plus singulier, dans cette méconnaissance de tout ce qui est de chez nous, c'est que toutes ces choses françaises, presque toujours, ont, sur le lieu même où elles se trouvent, un amateur passionné, un dévot de leur beauté ou de leur antiquité, qui s'y voue et s'y consacre. C'est quelquefois le curé, d'autres fois le notaire, ou quelque petit rentier, quelque petit fonctionnaire. Ils savent, eux, pieusement, toute l'historiographie, toutes les ressources, tous les charmes toutes les curiosités de leur pays, mais tout ce qu'ils pourraient nous en apprendre reste enfoui dans leurs brochures et les académies de leurs chefs-lieux. C'est bien encore là un des résultats de cette langueur nationale produite par le régime de centralisation excessive où le pays s'atrophie depuis la Révolution. En réduisant la France à ne plus rien être en dehors d'une certaine France officielle, en faisant d'elle, non plus une nation vivante, mais une nation mécanique, un automate remonté avec une clé, une sorte de France de Vaucanson, on l'a comme annulée jusque dans sa vraie histoire et sa vraie géographie. On la détruit jusque dans le souvenir de ce qu'elle fut, et le tableau de ce qu'elle est encore. N'est-ce donc pas contribuer à lui redonner l'envie de vivre, que de lui remontrer tout ce qu'elle eut autrefois de vivant, tout ce qu'elle aurait encore de cadres tout construits pour une résurrection provinciale?

II

Partout, à chaque pas, vous rencontrerez chez nous l'occasion de ces réflexions, mais vous ne verrez pas beaucoup d'endroits où l'on en soit aussi hanté qu'à Brantôme, dans le coin du Périgord où sont encore les restes de l'ancienne seigneurie de Pierre de Bourdeilles. Souvenirs, maisons, ruines, site, paysage, curieuse existence actuelle, tout se réunit là pour exciter l'intérêt, et la vue seule du bourg, subitement aperçu au milieu des collines, de la route qui vous y mène, vous captive déjà comme une apparition. Une lointaine vision de grandes façades blanches, en même temps que de lanternes et de petits dômes, disséminés autour d'un lourd clocher, une sorte de vague petite ville à reflets d'ardoise bleuissants, s'ébauche tout à coup au fond d'une vallée boisée, derrière de grands peupliers qui s'effilent dans l'atmosphère comme dans le tremblement d'une eau. On dirait la ville engloutie de la légende bretonne, l'imaginaire ville d'Ys ensevelie sous la mer, et la sensation, un peu plus tard, en est encore plus marquée, lorsque vous retrouvez, en arrivant, votre apparition de lanternes, de peupliers et de clochetons la tête en bas, dans l'éparpillement de biefs, d'écluses et d'eaux dormantes, dont l'entoure, comme d'une ceinture de morceaux de miroirs cassés, la rivière qui l'enferme dans sa boucle.

III

Vous voilà donc dans la ville, vous y dépassez l'ancienne porte crénelée, dite *Porte des Réformés*, et votre impression première s'accentue encore, mais vous apercevez maintenant dans les profondeurs de l'histoire ce que vous aviez eu un instant la sensation d'apercevoir au fond d'un autre mystère. Ce quai, ces ponts, ces petites rues, ces petits jardins sur l'eau, ces grottes, ce reste d'abbaye, tout cela s'estompe et s'embrume de tant de souvenirs, et de souvenirs si vieux, qu'il vous semble également les voir à travers le voile d'une féerie. Ce sont les moines légendaires, ces moines de saint Benoît, qui, il y a plus de mille ans, habitaient ces cavernes où sont encore les traces de leurs cellules souterraines. C'est le vieux clocher, déjà bâti par eux, quand Charlemagne vint leur apporter les ossements du petit saint Sicaire, l'un des saints innocents massacrés par Hérode, et dont les reliques enfantines ne durent pas demander bien grande châsse. C'est la vieille porte crénelée elle-même, cette *Porte des Réformés*, à l'instant franchie par vous, et qui a si bien gardé sa figure de vieille poterne de guerre, quoiqu'un tramway à vapeur passe maintenant dessous en cornant. C'est enfin ce nom même de Brantôme qui donne à tout ce qu'on voit là, même au linge qui sèche sur les murs, aux oies qui barbotent dans la rivière, aux tonneaux qui gonflent dans l'eau pour la vendange, on ne sait quoi d'archaïquement pittoresque, on ne sait quel reflet de conte lointain.

Et qui ne retrouve même pas au fond de sa mémoire, pour peu qu'il n'ait pas trop oublié ses classiques, le souvenir de certain procès étrange soutenu par d'Aguesseau, au nom de la Couronne, contre certaines reliques auxquelles s'attachaient des droits féodaux ? Cherchez, et vous vous rappellerez que c'étaient les reliques mêmes de saint

Sicaire, celles que vous allez encore retrouver ici. Expulsés de leurs cellules par une de ces bandes de paysans dont fut infesté tout le moyen âge, les moines avaient au moins voulu sauver leur saint, et demandé asile pour lui au château de Bourdeilles. Saint Sicaire dans son château ! Le seigneur de Bourdeilles en était tombé à genoux de joie et de reconnaissance, avait rendu hommage de vassal à l'ombre du petit martyr, et cela s'était trouvé suffisant pour que, six siècles plus tard, en vertu des surprises de la jurisprudence, les reliques du saint innocent aient dû un jour se défendre, du fond de leur châsse, contre la concurrence légale du roi de France et la dialectique de d'Aguesseau. Et c'est tout ce passé vague qui semble s'exhaler maintenant des ruelles et des pierres, qui plane sur les maisons, qui flotte et miroite sur l'eau, à travers les balustrades, les terrasses, les campaniles, comme on ne sait quoi d'englouti dont on se figure encore voir la forme. Vous êtes comme dans un bourg inventé par les poètes, comme dans un de ces pays de fantaisie qu'imaginent Boccace et Shakespeare, et ce nom même de Brantôme, inscrit sur la station du tramway, vous paraît aussi étrange que le serait une étiquette de chemin de fer sur un tombeau d'église déménagé de sa chapelle, et mis aux bagages comme un colis.

IV

Ce qui vous frappe d'abord, à Brantôme, c'est
le contraste entre le côté où fut l'abbaye, où s'en
trouvent encore les restes, et celui où est la ville
elle-même. Toute la distance du noble au vilain,
du seigneur au bourgeois, y survit toujours. Dans
la ville proprement dite, resserrée dans la petite
île, c'est le gros bourg banal, mais en face, de
l'autre côté du pont, vous pouvez vous croire sur
la promenade d'une belle et vieille préfecture. Un
large quai, bordé d'une longue balustrade ; la
grande et blanche façade de l'ancienne abbaye ;
des profils d'édifices, de longues et ombreuses
rangées d'antiques tilleuls : vous êtes là sur la rive
qu'habitait l'abbé, et que domine le vieux clocher
carré, trapu, chenu, haut dressé contre la colline
à pic, avec sa galerie de petits cintres et de colonnettes, sous les pointes de pierre de ses quatre
pans en mitres. Au-dessous, suivant l'alignement
du quai, l'église nouvellement restaurée ; ensuite,
un assez beau cloître gothique ; puis, l'abbaye,
reconstruite au siècle dernier, où sont maintenant
les services de la mairie ; enfin, dans une sorte de
chœur rustique formé de roches et d'ouvertures
de grottes, un bassin du xviiie siècle vous rappelle,

comme en miniature, la Fontaine de Médicis; c'est le même repos de sanctuaire frais, mais avec un mystère plus familier, et de profondes eaux d'émeraude, d'une limpidité fantastique. Au delà, c'est la promenade des tilleuls, et plus loin encore, fermant la ville, un joli pavillon Renaissance, posé en tête d'un pont coudé. La toiture en est trouée, les colonnettes en sont brisées, les frises effacées, et tel qu'il est, cependant, dans les joncs et l'eau où il se reflète, avec son air de ruine, sa délicatesse délabrée, ses murs tout crevés de lézardes, presque aussi chancelants eux-mêmes que leur reflet, il est encore délicieux.

C'est là l'ancien côté des moines, le côté du « seigneur », mais retournez vers l'église, repassez le pont, revenez dans l'île, et vous n'y retrouverez plus que le chef-lieu de canton vulgaire, avec ses ruelles dormantes, sa petite vie, ses petits commerces : des échoppes de bourreliers et de sabotiers, le barbier qui s'annonce par le plat à barbe de sa porte, le charcutier par la tranche de lard de la sienne, et l'aubergiste dont la branche de genêt bénit la rue; voilà le bureau de poste, l'épicier, le bureau de tabac, la boutique du pharmacien, le magasin, et peut-être un second pharmacien, peut-être aussi un second magasin, un pour chaque parti politique. Cette maison bourgeoise, avec son marteau de porte et sa plaque de cuivre, c'est la maison du médecin ; cette autre, avec son balcon de fer et ses panonceaux, c'est la maison du notaire. Et, dans tout cela, de vagues restes d'architectures, des fragments d'ogive, des parties de rosaces, demeurés ou rapportés dans les murailles comme les empreintes d'animaux et de coquillages dans les montagnes. Comment ce morceau de façade à arcades gothiques existe-t-il encore dans cette ruelle dont on touche les deux murs de ses coudes quand on y passe ? On ne sait pas. Comment, au-dessus de ce papetier, qui vend des photographies de la ville et tient le dépôt du *Petit Journal*, aperçoit-on cette cheminée ouvrée et sculptée comme un bijou ? A la suite de quel bouleversement local s'est-elle trouvée transportée là, au-dessus de ce coin de masures sales ? On ne sait pas non plus.

Quelque chose de noble et de « seigneurial » d'un côté, de « vilain » de l'autre, et d'effacé, d'aboli, de spectral et de mort dans l'ensemble, tel est donc d'abord Brantôme, dans le cadre d'une campagne tout particulièrement pittoresque, et qui vous ramène, à certains endroits, jusqu'aux temps préhistoriques. Regardez vers les champs du côté du nord, et vous y apercevrez un dolmen. Allez faire un tour de promenade dans la direction opposée, dépassez le pavillon du pont coudé, et vous aurez devant vous, à l'entrée de la ville, comme une vision de l'homme des cavernes. Tout un faubourg en guenilles, à cet endroit, vit et végète dans le rocher. Toute une population pauvre habite là, le long de la route, des grottes bizarrement murées, dans des excavations maçonnées, aux lucarnes desquelles sèchent des loques accrochées, à côté de pots de fleurs boiteux et de petits tuyaux qui fument.

V

L'étranger qui vient à Brantôme a trois choses à voir : l'abbaye, l'église, et la grande grotte.

De l'abbaye, il ne reste pas grand'chose. Constamment réduite et rebâtie, elle n'est plus aujourd'hui qu'une haute construction blanche, au cachet du xviiie siècle, formée d'un corps de logis entre deux pavillons. L'un est surmonté d'un dôme, l'autre d'une lanterne, et une statue des Droits de l'Homme, posée en guise de Madone, couronne ridiculement le fronton central. Un monumental escalier tournant, dans le goût de la Renaissance, occupe le pavillon droit, et vous pouvez encore avoir là, si vous le voulez, l'illusion de vous retrouver dans les souvenirs légendaires, malgré la blancheur choquante du badigeon général et la note fortement criarde des portraits aperçus dans la coupole. L'escalier, ensuite, vous mène aux bureaux de la mairie, où vous retombez dans l'actualité municipale, avec le buste de la République, des photographies de Présidents, et des tentures de papiers à fleurs. Vous ne revenez plus au passé que dans les greniers, sous les milliers de nervures du toit, légères et hardies comme les ramures d'une forêt, et vous vous y sentez peut-être encore davantage dans l'ancien escalier des moines. Un placard mystérieux s'ouvre là dans le mur, vous y entrevoyez comme un puits où voltigent des chauves-souris, et la concierge de la mairie, il y a quelques années, vous disait, d'un ton entendu, en vous montrant ce coin funèbre :

— Ce sont les oubliettes... C'était là que vous mettaient les moines, *quand on n'était pas de leur avis...*

L'église, restaurée depuis peu, n'est plus guère maintenant, sauf dans quelques détails, qu'une église neuve assez banale, mais devait encore vous saisir, il y a peu d'années, d'après les descriptions qui en sont restées, par une physionomie étrangement archaïque et mutilée. On n'y était pas seulement frappé par le dépareillement des styles, mais par toutes sortes de lacunes et de vestiges qui ne s'expliquaient plus. Le curé actuel, M. l'abbé Pradier, auteur d'un excellent Guide de la ville, cite, à ce propos, les explications d'archéologues distingués, mais leurs explications obscurcissent encore l'énigme plutôt qu'elles ne l'éclaircissent. Les anciennes voûtes gothiques auraient eu une quinzaine de siècles de moins que leurs colonnes, et s'y seraient trouvées précédées par des coupoles, qui avaient déjà succédé elles-mêmes à d'autres voûtes. Quant aux colonnes, plus anciennes encore que l'abbaye, elles auraient appartenu, bien avant elle, à un monument du Bas-Empire. De quelles ruines problématiques ces colonnes provenaient-elles donc ? Les archéologues ne nous le disent plus, mais nous les signalent encore, dans ce dernier millier d'années, comme ayant été trois ou quatre fois renversées et relevées, par de continuelles destructions ou reconstructions. Toute l'église n'était plus elle-même ainsi qu'une relique. Que faisait là ce pendentif solitaire et inutile? Que signifiaient ces cavités sans destination ? Sur quoi ouvraient ces arcades murées ? Où conduisaient ces portes, qui ne conduisaient plus à rien? Dieu le savait, ou l'avait su ! C'était une énigme, l'énigme du vieux livre incendié dont les phrases ne peuvent plus avoir de sens, si pieusement qu'on en ait recollé les mots, et le seul fil conducteur auquel on se rattachât, dans toutes ces solutions de continuité et tous ces mystères, était le culte ininterrompu du petit saint Sicaire, qui survit toujours, et donne encore son accent à l'église actuelle. Un bas-relief en bois, à droite du chœur, représente l'extermination des Innocents ; un autre bas-relief, à gauche, nous montre Charlemagne apportant à l'abbaye les restes du petit martyr, et la légende du petit saint reparaît encore, à l'entrée de l'église, dans un diptyque de pierre, de l'époque primitive : Hérode, d'un côté, préside au massacre sur son trône, avec un diablotin près de l'oreille, et des anges, de l'autre côté, emportent vers le trône de Dieu les Innocents martyrisés.

VI

Au sortir de l'église, le touriste n'a plus que la grotte à visiter, et c'est bien là, d'ailleurs, ce qu'un curieux, dans le pays, peut voir de plus violemment singulier. Sur la paroi d'une grande caverne, où persistent les traces d'anciens escaliers intérieurs montant à d'autres grottes inconnues, un colossal bas-relief, sculpté à même le roc, se dresse devant vous comme une vision. Une haute et vague figure le domine, entre des formes agenouillées. Au-dessous, d'autres figures semblent souffler dans des trompettes, autour d'un spectre central qui paraît brandir une massue. Puis, au-dessous encore, une tête couronnée de plumes, et rappelant une tête de sauvage, surmonte deux rangées d'autres têtes, lugubrement alignées. Quelle est cette scène, et que dit-elle ?... Ce qui vous frappe le plus, dans toutes ces figures, c'est ce qu'elles ont de fruste et de caricatural dans le sinistre. On dirait des pétrifications de cadavres retrouvés là après des siècles, avec leurs contorsions grimaçantes, ou de ces simulacres étranges comme il en roule dans les nuages. Puis, en approchant, on finit, à la longue, par distinguer comme un Père Éternel dans la figure dominante, un squelette dans celle qui brandit la massue, une tête de femme dans la tête de sauvage, une couronne d'ossements dans la couronne de plumes et des bonnets du moyen âge dans les figures inférieures... Qu'était donc cette composition ? Qu'était aussi cette caverne ?... C'est ce que les archéologues voudraient toujours expliquer, mais tout ce qu'on en sait de plus certain, c'est que la mairie, à présent, y remise le matériel de la fête nationale, et donne là, tous les ans, pour le comice, des banquets où l'on boit au Gouvernement.

VII

Quel peut bien être maintenant, sous ce Brantôme ancien, le Brantôme intime et moderne? Quelle est la vie locale, industrielle, commerciale, sociale, économique, populaire, dans ce coin de France tombé à l'état de limbe cantonal?

Plus particulièrement encore que dans d'autres localités, d'importance administrative analogue dans la mécanique centralisatrice, la vie, à Brantôme, n'est plus qu'un vivotement. A vingt ou vingt-cinq kilomètres de tout chemin de fer, et privée forcément d'une circulation commerciale active, la ville a quelque chose d'éteint, et comme d'arrêté. Elle fait penser à ces vieilles horloges qui ne sont plus là que pour l'ornement, et le petit tramway à vapeur a lui-même l'air d'un bibelot. La population est d'environ quinze cents âmes, et végète sans bruit, sur le seuil de ses petites maisons, dans ses petites rues tournantes, où les passants, qui ont un fond d'accent gascon, se connaissent tous. Les cadres sociaux, à Brantôme, ou ce qu'on pourrait appeler de ce nom, sont ceux du chef-lieu de canton ordinaire, et se composent, ou à peu près, du maire, du curé, du juge de paix, du percepteur, d'un receveur des domaines, d'un agent voyer. Le maire, par sa particule et la sonorité méridionale de son nom, paraît appartenir à une vieille famille de petite noblesse locale, mais n'en a pas moins les opinions républicaines obligées. Le curé, en dehors de son ministère, s'occupe d'archéologie locale, et consacre à des recherches sur la ville, ou même à des essais de restauration assez heureusement tentés, le temps que lui laisse la paroisse. Les relations, d'ailleurs, entre la mairie et la cure sont aigres-douces, et l'anticléricalisme, on s'en doute, s'est infiltré à Brantôme comme partout. Néanmoins, et des deux côtés, l'esprit du pays n'est pas violent. L'administration communale n'accepte pas l'école des Sœurs de bon gré, mais l'accepte. Des chansons et des poésies assez vives circulent parfois contre le maire, mais les choses ne vont jamais loin, et les rapports restent polis. Le curé, fort respectable, tient beaucoup à ne pas manquer de correction, et l'autorité municipale lui en sait gré, en laissant chaque dimanche l'institutrice « laïque » assister à la messe avec ses élèves. Quant aux autres autorités, juge de paix, receveur, percepteur, agent voyer, chacun s'acquitte, dans sa sphère, de sa mission ou de sa besogne, avec la familiarité, les loisirs et la petite politique des petits endroits. Enfin, et comme autres cadres sociaux moins définis, quoique d'une importance égale, il faut aussi compter deux ou trois vieilles familles d'ancienne bourgeoisie brantômaise restées debout dans la population comme les deux ou trois beaux morceaux d'architecture bien conservés du pays le sont restés dans la ville, deux ou trois autres familles également bourgeoises, mais brantômaises d'accession, et les quelques professions libérales, ou quasi libérales, de la localité, c'est-à-dire trois médecins, un notaire, un huissier, et deux pharmaciens.

Viennent, après cela, les petits bourgeois, les boutiquiers et quelques ouvriers à moitié paysans. Parmi les commerçants, deux seulement « font des affaires », et sont deux marchands-drapiers dont les deux magasins tranchent, par leurs beaux étalages, sur les petites boutiques d'à côté. Les sabotiers sont une des spécialités de l'endroit, et l'on n'y fait guère cent pas sans y rencontrer, sur une échoppe, la guirlande de sabots qui désigne une saboterie. De même aussi les ébénistes. Vous remarquez, au-dessus d'une porte, un bouquet desséché auprès d'un écriteau où se lit une dédicace à sainte Anne. C'est la porte d'un ébéniste, et vous apercevez un certain nombre de ces portes-là. Les autres ouvriers travaillent aux carrières en exploitation dans les grottes, ou à la carderie établie sur la rivière, près du pavillon Renaissance, dans le bâtiment d'un ancien moulin. Enfin, ajoutez encore des journaliers, des petits métayers pauvres qui cultivent la terre « au tiers », et vous aurez le sommaire à peu près complet de la population brantômaise, en y comptant aussi quelques petits métiers spéciaux, comme les « truffiers ». Ah! le « truffier »! Il possède une truie dressée à trouver les truffes, loue aux propriétaires le droit de les chercher « sur eux », et il faut le voir fonctionner. Dès les premières gelées, il se met en campagne avec sa truie, une petite baguette de fer à la main, et deux poches sous sa blouse, l'une garnie de maïs, l'autre vide. Puis, il va battre les terres maigres, les landes, les coteaux caillouteux, là où le sol pelé, dartreux, annonce les truffières. Alors, à chaque truffe qu'elle flaire, la truie fouille la terre de son groin. Mais le truffier, à l'instant même, lui applique un coup de sa tringle sur le nez, lui tend une poignée de maïs, la lui donne à manger, et met, pendant ce temps-là, la truffe dans sa poche. Et jamais une seule fois, de mémoire de truffier, la truie, à ce coup de baguette, n'a ainsi manqué de se jeter sur le maïs, pendant qu'on lui prenait la truffe!

VIII

Bien que le pays ne soit pas pauvre, la richesse, ou tout au moins une certaine richesse, n'est pas, et ne peut pas être, le fait d'une localité comme Brantôme. Les environs, dans leur décor de collines, de roches, de prairies, de tournants de rivière et de moulins, sont pleins de pâturages plantureux, de bonnes terres, de jolies métairies. La vigne est magnifique, la volaille excellente, le bétail superbe, et les bœufs de Brantôme sont renommés, font même bonne figure à la Villette. Enfin, outre les neuf foires de l'année, foires de porcs, de bœufs gras, de bœufs de travail, un marché a lieu chaque semaine, où le blé, les fruits, les légumes sont en abondance; les noix se récoltent à profusion. Sur tout cela, seulement, on trafique en petit, par de petits moyens, avec de petites ressources. Les transports se font en carriole, à mule, à âne, par bœufs, par le tramway, et l'un des caractères de la vie brantômaise est la petitesse des opérations et des budgets. Une fois par an, à la foire Sainte-Catherine, il se vend une moyenne de cent paires de bœufs gras, représentant cent vingt à cent cinquante mille francs, mais la Sainte-Catherine est une foire unique. Les deux marchands drapiers, d'autre part, font aussi quelques « affaires », mais le chiffre, malgré tout, n'en monte guère, pour chacun, qu'à deux cent mille francs annuels, et ce sont, là aussi, des exceptions, des cas uniques, presque des énormités pour l'endroit.

J'ai voulu savoir, au juste, pour combien pouvait vendre de meubles, en une année, un de ces petits ébénistes, à la porte desquels pourrissent des bouquets auprès d'invocations à sainte Anne.

— Et d'abord, lui ai-je demandé, pourquoi, dans le pays, êtes-vous autant d'ébénistes ?

— A cause des noyers, m'a-t-il répondu. Il y en a beaucoup, et qui donnent de très bon bois.

— Et pour qui faites-vous tous ces lits et toutes ces armoires ? A qui les vendez-vous ? Où tout cela s'en va-t-il ?

— Comme vous le voyez, me dit-il encore, nous ne faisons que le meuble commun, et nous le vendons pour la campagne. Quelques-uns, cependant, travaillent aussi pour Limoges.

— Et combien occupez-vous d'ouvriers ?

— Ça dépend… Trois ou quatre… Cinq ou six…

— Et vous les payez ?

— Aux pièces. Le bon ouvrier gagne ses trois francs par jour.

— Mais c'est relativement beaucoup plus qu'à Paris !

— Oui ! s'écrie alors l'ébéniste, c'est beaucoup plus. Je connais un peu Paris, j'y ai travaillé, et vous n'y vivez pas pour dix francs comme vous vivez ici pour trois.

— Et pour combien, en somme, vendez-vous de meubles par an ?

— Oh ! pas pour beaucoup... Pour trois mille francs... quatre mille francs... cinq mille francs.

J'interroge ensuite un sabotier, et le sabotier, lui aussi, me laisse tout de suite entrevoir des chiffres mélancoliques.

— Ah ! me dit-il, les sabots de Brantôme étaient une vieille renommée, mais c'est une renommée qui a bien passé... Autrefois, à la campagne, tout le monde portait des sabots, et on ne portait même guère que ça. Quand il y avait une fête, une noce, un extra, on achetait des sabots neufs. A présent, on met des souliers, on n'a plus de sabots que pour les champs... Le sabot s'en va...

Et il m'expliquait les particularités du métier. Une paire de sabots vaut 1 fr. 50, et un sabotier, bon an mal an, en vend douze ou quinze cents paires. Cela représente, en chiffres ronds, deux mille francs d'affaires par an. Là-dessus, il faut acheter le bois, les clous, le cuir, payer un ouvrier, et le gain est d'environ 50 pour 100, soit un millier de francs, qui représentent le rapport d'une saboterie. En tout, ils sont ainsi en ville huit ou dix patrons, autant d'ouvriers, et Brantôme, chaque année, vend de la sorte, dans la région, pour seize ou vingt mille francs de sabots, sur le gain desquels vivent vingt familles.

Mêmes chiffres à la carderie, installée dans l'ancien moulin. Là, le paysan apporte sa laine, pour qu'on lui en fasse de l'étoffe, comme il apporte son blé à la boulangerie pour que le boulanger lui en fasse du pain, et l'étoffe, ainsi faite, lui revient à dix-sept sous le mètre. Or, une livre de laine donne à peu près un mètre d'étoffe, et deux mille paysans, environ, viennent apporter chacun, tous les ans, cinq ou six livres de laine. A dix-sept sous la livre, la carderie encaisse donc dans les dix mille francs, sur lesquels, tous frais prélevés, elle fait vivre quinze ouvrières, tout en recueillant elle-même un bénéfice de trois à quatre mille francs. C'est ici presque une « bonne affaire », et même presque une « grosse affaire ».

Quant au chiffre moyen des actes et des contrats chez le notaire, il n'arrive guère à mille francs, et la moyenne des cotes établies par le percepteur se tient entre cinq et dix francs. L'argent, dans le pays, est comme une curiosité. Le plus petit « écu » y conserve encore tout son prestige. On distribue, au comice agricole, du haut d'une estrade, en présence des autorités, des députés, des sénateurs, des prix de 8 francs pour « soins aux

bœufs », de 3 francs « pour les oies », d'autant
« pour les dindons », et le dernier mot de cette
petite vie, intéressante à force d'être petite, se
trouve dans le budget de l'hospice. Fondée par
une très vieille donation, dans l'ancienne maison-
mère des Dames de la Foi, il est tenu par cinq
religieuses, et contient une vingtaine de vieillards
et de malades. Tout y est fort simple et fort rustique, mais aussi très ordonné, irréprochablement
net et propre. Et savez-vous combien ont là pour
vivre les cinq religieuses et leurs vingt hospita-
lisés? 4500 francs par an! Chaque religieuse,
sur cette somme, figure pour un entretien personnel de 100 francs, et le reste 4000, soit 200 francs
par tête, suffit à abriter, nourrir, soigner, blan-
chir, entretenir, médicamenter, la vingtaine de
pensionnaires que peut recevoir la maison.

IX

On se figure, à ces chiffres, à quels frais on
« tient un rang » à Brantôme, et le gros bourgeois,
effectivement, y est un gros bourgeois pour très
peu. Il ne demeure pas dans une belle rue, aucune rue de Brantôme n'étant belle, mais n'en
habite pas moins une maison très honorable, qui

est le bel hôtel du lieu, et le bel hôtel du lieu, bien en état, vaut de quinze à dix-huit mille francs. Là, le haut bourgeois de Brantôme a cheval et voiture, servante, cuisinière, cocher-jardinier. Vienne le mariage d'une fille, ou quelque autre solennité unique, et il hébergera trente personnes pendant huit jours. Toute une semaine, matin et soir, ce seront, dans sa maison, des banquets et des danses, et, s'il ne vous loge pas toujours, parce qu'il n'a pas, malgré tout, vingt-cinq chambres à donner, vos quartiers vous attendent chez ses voisins. Ce n'est pas là, sans doute, une grande vie, mais c'est une jolie vie, aisée, large même dans son aisance. Et que représente-t-elle? Une fortune de cent vingt mille francs ! Quatre ou cinq mille livres de revenu ! Un dernier type brantômais, enfin, est le petit retraité, et vous pouvez le voir sur la promenade, au café, chez le perruquier. Il est libre, n'a rien à faire, et pourrait, s'il le voulait, passer sa vie sous les tilleuls, au bord de la rivière, sur le quai, le long de la vieille balustrade, à regarder onduler les herbes sous l'eau. Et sa retraite n'atteint pas trois cents écus ! Peut-être possède-t-il aussi deux ou trois « obligations », la petite maison dont il n'occupe que le haut, afin de pouvoir en louer le bas, et une petite terre, qu'un homme du pays lui cultive « au tiers ». Mais tout cela, totalisé, ne dépasse pas douze cents francs, et il a, pour ces douze cents francs, tous les prestiges d'un « monsieur ». Il figure sur l'estrade, dans les comices, parmi les notabilités.

J'ai rendu visite à une vieille demoiselle, une toute petite rentière, très vieille et très aimable, et j'ai été frappé du confort relatif, de l'honorabilité propret'e, presque coquette, de son logis. De quoi pourtant vit-elle? De rien ! Mais elle fait presque encore figure. Elle a son petit salon, une servante aux gages de cinq francs par mois, et se plaint seulement du Brantôme actuel, qui lui semble trop moderne.

— Ah ! Monsieur, me disait-elle en soupirant, si vous aviez pu voir le Brantôme de ma jeunesse ! C'était si gai, si joli, et les gens étaient si polis ! On fêtait alors sérieusement les deux Saint-Sicaire, la grande et la petite, celle d'automne et celle de printemps, et ce n'était pas seulement des foires ! Les pèlerins y venaient de partout, pieds nus, avec leur suaire sur la tête. Il en arrivait de plus de vingt lieues, on ne voyait plus qu'eux sur les routes, avec des ânes, des infirmes, et tous allaient à la fontaine !... L'un y trempait son bras, l'autre sa jambe, l'autre son enfant malade !...Et le soir, à l'Abbaye, le couvent donnait un bal. Ah ! les bals du couvent ! Les bals de la Saint-Sicaire ! C'est là qu'il se faisait des mariages ! Les Brantômaises ne passaient pas pour trop laides, et les jeunes gens ne manquaient guère... Il en arrivait même de Bordeaux... Ah! Monsieur, si on dansait! On venait aussi de loin pour ça!... Aujourd'hui, Monsieur, on ne danse plus, on ne s'amuse plus, il n'y a plus rien, et les gens ne sont même plus polis!

X

Il s'est passé à Brantôme, voilà une année ou deux, une bizarre histoire de diablerie... Tous les soirs, à l'école des Sœurs, des pierres étaient jetées dans la classe à une heure fixe, sans qu'on pût savoir d'où elles tombaient. On avait beau fermer les fenêtres, surveiller les élèves et les maîtresses, s'assurer qu'aucun projectile ne pouvait se lancer de nulle part, les pierres tombaient quand même. On vérifia le plafond, le grenier, mais on ne découvrit rien, ni fente, ni trou, ni cachette. On observa de plus près les jeunes filles et les religieuses, mais aucune d'elles ne prêtait aux soupçons. On se demanda si l'on n'était pas, par hasard, victime d'une suggestion, d'une hallucination collectives, mais on n'eût pas, en ce cas, retrouvé les pierres, et on les retrouvait... Tous les soirs, à la même heure, elles retombaient du plafond, et roulaient sur les pupitres.

On n'imagine pas la surexcitation causée par cette histoire de pierres, non seulement dans l'école, mais dans le pays tout entier. Les uns y dénonçaient une machination de l'école « laïque », d'autres déclaraient les religieuses folles, et d'autres parlaient d'esprits, de revenants, de possession, de maison hantée, de phénomènes diaboliques. Les religieuses, affolées, finirent, de guerre lasse, par ne plus vouloir s'en rapporter à elles-mêmes, allèrent chercher des témoins, et tout un tribunal de notabilités se réunit un soir dans la chambre ensorcelée, pour constater le sortilège. Au fond, on s'attendait à ne rien voir, et chacun se préparait à rire des pauvres Sœurs, mais les pierres, effectivement, commençaient à tomber à l'heure fixée, on ne savait d'où, et roulaient sur les bancs... Ce fut alors, dans la ville, une véritable révolution, une émeute. On voulait assiéger le couvent, en faire le sac, jeter les religieuses dans la rivière. On n'en fit rien, heureusement, mais toutes ces sorcelleries, ou pseudo-sorcelleries n'en finirent pas moins par l'interdiction de l'école. L'autorité municipale la ferma, les parents retirèrent leurs enfants, et les infortunées Sœurs, obligées de quitter le pays, durent se sauver dans leur communauté. C'était peut-être tout ce qu'on cherchait...

Depuis, elles ont rouvert l'établissement, et les

pierres n'ont plus reparu, mais personne n'a jamais pu dire comment elles étaient tombées. C'était, évidemment, par une de ces supercheries fort simples, et qu'on ne découvre pas, précisément parce qu'elles sont simples. Mais ces hypothèses-là sont les dernières auxquelles, généralement, on pense dans les petits pays. On y a toujours une extraordinaire vivacité de vision, d'où sont toujours venues beaucoup de légendes, et c'est encore là, d'ailleurs, un effet de cette petite vie où l'imagination elle-même se contente d'un petit budget. C'est aussi un peu le phénomène de la mystérieuse sonorité des églises, où le plus léger froissement se répercute, dans le silence, en gémissements prodigieux.

XI

L'un des caractères de Brantôme est dans la grande quantité de grottes et de cavernes qui l'encadrent. Les unes contiennent des carrières, d'autres se trouvent plantées en décor d'opéra, et d'autres sont habitées. Celles-là, nous l'avons dit, forment tout un faubourg, et la visite aux habitants de ce quartier n'est pas la moins curieuse qu'on ait à faire dans la ville.

L'un de ces logis pratiqués sous la roche, et que ses habitants me laissent voir sans difficulté, se compose de deux pièces superposées, un grand bûcher en bas et un grand taudis au-dessus. En bas, dans le bûcher, on aperçoit des fagots, des chiffons, des tas de ferraille, des scies à pierre; en haut, dans le taudis, quatre grabats défaits, ignobles, défoncés, sous un plancher bas et noir auquel pendent des faucilles, des lignes de fond, des collets, du lard et une paire de bottes. Ils couchent huit dans ce grand galetas, le père, la mère, trois filles, deux fils, et un enfant trouvé de Périgueux, mis en pension là par l'Administration. Le père est croque-mort, la mère « fait des journées », l'un des fils travaille la terre « au tiers », l'une des filles « se loue », et le reste va mendier aux enterrements et aux noces. Comptez cependant encore, dans les revenus de la maison, six francs que l'Assistance publique donne chaque mois pour l'enfant trouvé, et trois oies, qu'on engraisse d'orties et d'épluchures cuites, pour les revendre à la saison.

Tout autre, d'ailleurs, est le ménage installé dans la grotte à côté. Là, les habitants sont propriétaires de leur creux de rocher, et leur logis, leur jardinet, toute leur propriété, comme capital, vaut dans les quatre cent cinquante francs. Ils sont deux, l'homme et la femme, et tout chez eux annonce l'ordre, l'économie, et même les économies. En bas, une petite cuisine, une table, trois chaises, un buffet, une horloge. A côté, et communiquant, un cellier à compartiments, où chaque objet a sa place. Là, le bois ; là, le tas de pommes de terre ; là, le petit tonneau de piquette, et là, derrière une planche, entre la barrique et le bois, quelque chose qui remue, qui broute, qui bêle : deux agneaux qu'on élève, et qu'on revendra gras à la foire. Montez, maintenant, par le petit escacalier raide, et vous voilà dans une chambre aussi nette, aussi propre, aussi bien rangée que le bas : une table, deux bancs autour, une armoire, et trois lits sous leurs courtines. Ces braves gens ont un fils soldat, et le père de l'homme, en outre, passe tous les ans trois mois chez ses enfants. De là, ce troisième lit, qui est tantôt pour le père, tantôt pour le soldat. Et les ressources du ménage ? Le mari est tailleur de pierre, la femme fait des lessives, et ils travaillent « au tiers » un bien voisin. Euxmêmes, enfin, possèdent un petit terrain d'où ils tirent un demi-sac de blé, vendent leur deux moutons, profitent de la laine, et doivent encore ajouter, à tous ces petits profits, un peu de pêche et de braconnage, car on remarque, dans un coin, un épervier accroché à un clou, et un fusil pendu à une poutre, à côté de la planche à pain. Avec tout cela, ils joignent le deux bouts, et trouvent même moyen, une ou deux fois dans l'année, d'envoyer un mandat-poste au troupier. Ils servent même encore au père, tous les mois, une rente de deux francs cinquante.

L'ordre et la propreté, toutefois, ne sont pas la règle de ce quartier, et, ce qu'on y voit, c'est la misère. On m'y a montré une petite vieille bizarre. Elle était en train de filer, accroupie devant sa caverne, avec des débris de laine dans sa tignasse, et vit là d'un enfant et d'un vieillard. L'enfant, placé chez elle par l'Assistance publique, lui rapporte, chaque mois, les six francs réglementaires, et le vieillard, légendaire dans la région, est un mendiant nommé Bimbit. Pas beaucoup plus grand qu'un nain, avec une tête grosse comme le poing, deux dents de rat qui ricanent, et deux petits yeux qui saignent, sous un éternel bonnet de coton, Bimbit parcourt la ville, sinistre et sautillant. Il se met en route dès le matin, suit les voitures, fait le fou, taquine les filles, ramasse du crottin, demande l'aumône à l'entrée de l'église, à la porte de laquelle il se plante douloureusement, et rentre avec ses sous chez la vieille, qui le couche au fond du rocher. Une inspectrice de l'Assistance vint un jour voir l'enfant de l'Administration, et Bimbit, en la voyant, tomba à genoux, frappé d'éblouissement, en ôtant son bonnet de coton... Elle lui faisait l'effet d'une grande dame, et il l'avait

prise pour la mère... Car Bimbit croit très naïve-
ment que tous les petits bâtards placés dans les
campagnes sont des enfants de marquises, de du-
chesses et de princesses du sang !

On retrouve en petit, dans ce petit faubourg,
toutes les tares, toutes les industries vagues,
tous les vagabondages qui égaient ou déshonorent
les bas-fonds des villes... Je passe, en revenant,
devant une vieille tourelle lézardée, une sorte d'ancien pigeonnier en ruines, et je lis sur la porte,
inscrit à la craie, *Auberge du Pou Volant!* C'est
le refuge de nuit du bourg. Je vais ensuite à une
grotte voisine, où retombent des lierres et des
liserons, et me voilà dans une guinguette sou-
terraine. J'entre, et je ne vois d'abord personne.
Mais j'avance de quelques pas, et j'aperçois alors
tout un feu!.. autour d'une bougie plantée dans
une bouteille, une ombre d'homme et une ombre
de femme attablés à un tonneau. Ils boivent tranquillement là au frais, dans le petit bruit doux des
suintements qui dégouttent, sous les circuits des
chauves-souris. Ils ont l'air, autour de leur
bougie, de boire autour d'une étoile...

XII

Brantôme vous laisse comme des souvenirs d'eau-forte. Souvenirs du paysage, qui ne ressemble à aucun autre, et qui est cette chose si rare, un paysage original ! Vous pourrez voyager beaucoup, vous ne verrez pas souvent ailleurs ces prairies accidentées, cette rivière qui coule et dort, et toutes ces petites cascades d'argent, ces moulins qui chantent, et ces grandes roches de légende dans cet encadrement de pastorale. Souvenirs du bourg lui-même, et de ses restes, encore jolis, de la Renaissance, de la Ligue et même de beaucoup plus loin ! Souvenirs, enfin, de la petite vie qu'on y mène, où l'on fait tant avec si peu, où l'on vit si bien sans rien, et qui a je ne sais quoi de si pâle, de si ancien, de si vieillot, de si doucement spectral ! Impression mélancolique de pays mort ou léthargique, mais enseveli dans le plus vert et le plus frais linceul où puisse dormir un pays, et si avenant, si pittoresque, si aimable dans la mort !

J'ai souvent visité Brantôme, et je m'y vois encore, un jour de comice, à la fin d'une de ces journées de septembre qui ressemblent à des journées de juillet. C'était le dimanche, on avait distribué les prix dans l'après-midi, des primes de cent sous et d'un écu, que de vieux et jeunes paysans étaient venus recevoir avec éblouissement, et les gens de la localité, mêlés à ceux de la campagne, couvraient la promenade du quai, où jouait l'orgue des chevaux de bois, quand je voyais venir tout à coup, dans la poussière et le soleil, un extraordinaire cavalier. C'était un vieillard rasé, coiffé d'un tricorne, habillé d'une robe retroussée sur ses genoux, avec de longues jambes qui pendaient dans un pantalon, et monté sur une bête qui avait l'air moitié cheval et moitié mulet. On avait, d'ailleurs, vite reconnu un prêtre, et c'était, en effet, le curé d'une paroisse voisine. A quatre ou cinq lieues de là, il avait une petite campagne, et s'en allait ainsi, tous les dimanches, une fois les offices finis, faire une visite à son domaine. Personne, bien entendu, ne songea, dans la foule, à s'étonner de ce cavalier. Il était trop du pays pour y surprendre, mais trop aussi pour ne pas m'en sembler comme le résumé vivant, et tout Brantôme reste toujours pour moi dans ce vieux curé à cheval, son vieux tricorne poudreux, sa vieille soutane poussiéreuse, et son prodigieux bidet.

LE MARCHAND DE VINS

LE MARCHAND DE VINS

Août 1898.

I

Malgré leur ensemble banal, les dernières élections semblent pourtant offrir des symptômes assez curieux, même assez saisissants. Modérés et radicaux, conservateurs et révolutionnaires, reviennent à peu près avec les mêmes forces, mais on n'en remarque pas moins, dans les masses volantes, des changements de courants singuliers, et comme des orientations nouvelles. Le socialisme gagne, mais là où l'on ne connaît pas encore ses représentants; il perd, en revanche, considérablement, là où l'on a goûté de ses hommes. Dans une région industrielle, en plein « pays rouge », un marquis met en déroute un rhéteur collectiviste; ailleurs, dans une ville du nord, sur un autre point manufacturier, un grand patron conservateur remplace un vieil émeutier. A Paris, dans un faubourg, une candidature royaliste réunit quatre mille voix; une autre, simplement conservatrice, mais représentée et soutenue par un vicaire du quartier, en recueille presque autant dans un faubourg voisin. Et le vicaire, cependant, ne cachait pas son jeu. Il allait, en sortant de l'église, dans les réunions publiques, où la moitié de la salle l'applaudissait, pendant que l'autre l'injuriait. Il ne payait pas seulement de sa personne, mais de sa soutane.

Tout cela est-il l'indice d'une prochaine ou lointaine révolution dans l'âme populaire? Est-ce le présage d'un baromètre dont l'aiguille commence à tourner? Ce sont, en tout cas, des phénomènes intéressants, et qui donnent envie de s'informer. On éprouve la curiosité de pénétrer dans certains milieux, de regarder de près ce qui s'y passe, ce qu'on y fait, ce qu'on y est, ce qui s'y prépare exactement, et l'un de ces milieux-là, sans contredit, est la boutique du marchand de vins, et du marchand de vins de Paris, du débitant légendaire, du *mastroquet*. Qu'est le *mastroquet*? Quelle est sa politique? En quoi consiste, d'une façon précise, la puissance électorale qui opère dans ces débits dont les flacons bizarres s'étagent derrière les vitres, et d'où s'échappent des exclamations d'ivrognes? Nous ne poussons pas loin, en général, la fréquentation du marchand de vins, et nous ne pouvons guère, en conséquence, que connaître assez mal l'esprit et le pouvoir réels de ce négociant de carrure solide, qui distribue, comme d'une tribune, les « canons » et les petits verres. Nous ne lui en attribuons pas moins une influence tout exceptionnelle, et il fut même un temps où nous l'eussions appelé le « grand électeur ». Grand électeur, soit! Mais comment l'est-il, et l'est-il bien autant que nous le croyons, autant surtout que nous l'avons cru? Ne serait-il pas, lui aussi, par hasard, une de ces puissances du passé qui s'en vont, et sa physionomie, en ce cas, n'en serait-elle pas encore plus intéressante à fixer?

II

Il suffirait, à la rigueur, pour prouver l'importance politique du marchand de vins, de rappeler la législation dont il a été l'objet. On n'inspire pas autant l'autorité quand on ne l'inquiète pas, et les lois, ordonnances, décrets et règlements inspirés par le cabaretier sont tout un monument. Comme existence légale, il date de Louis XIV, sous qui il se constitue en maîtrise, et il a fait du chemin depuis cette époque. Lisez la plaquette intitulée : *Code annoté des limonadiers*, par M. Julien Goujon, avocat à la Cour d'appel de Rouen, et le *Code annoté des limonadiers* vous montrera, par des textes, le marchand de vins préoccupant tous les régimes, en lutte ou en relations avec le pouvoir, sous tous les gouvernements. La loi actuelle lui donne la liberté, et l'Empire, en effet, l'en avait privé. Napoléon III voyait dans les cabarets des « lieux d'affiliation pour les sociétés secrètes », et le *Code annoté* l'accuse d'avoir voulu « frapper de terreur », pour les « transformer en surveillants officieux, en agents électoraux, trois cent mille habitants et leurs familles ». Trois cent mille estaminets, et des estaminets politiques, de ceux que Balzac appelle le « parlement du peuple », étendaient donc déjà leur réseau sur la France, sous le régime de Juillet et le Gouvernement de 1848! L'Empire capta cette force à sa manière, la République la capta ensuite à la sienne, et l'État, depuis cinquante ans, s'est toujours, en résumé, servi du débitant. Il a cherché à le détruire, à le soumettre, à le flatter, mais ne l'a jamais négligé. N'était pas, sous l'Empire, marchand de vins qui voulait, et le débitant constituait alors une corporation privilégiée. Il devenait un agent, un fonctionnaire, et cela le rendait une puissance. Tout le monde, aujourd'hui, peut ouvrir un cabaret, c'est la liberté, et le marchand de vins, par là, se retrouve une puissance d'un autre genre. Il est le nombre, et le nombre organisé, il pullule, il se syndique, et, cette puissance qu'il représente et qu'il est, toutes sortes de signes la prouvent, en dehors même de la législation. Personne n'est aussi bas salué que lui, aussi bien traité, aussi considéré, aussi ménagé, et par les candidats, et par les députés, et par les conseillers municipaux, et par les sénateurs, et par les ministres. Pour une considération aussi marquée, et surtout aussi soutenue, il faut bien qu'il soit quelqu'un, et il l'est. Mais de quelle façon, encore une fois, le marchand de vins est-il quelqu'un? Comment s'analyse son influence? Comment en fonctionne le mécanisme? C'est ici que l'étude prend de l'intérêt, et ne manque même pas d'imprévu.

III

D'où vient le débitant? En général, de province. Ou bien encore, fréquemment, il est ancien garçon de café, ancien domestique, ancien cocher, ancien commis de confiance d'un distillateur. Notons aussi, mais seulement pour mémoire, le marchand de vins fantaisiste, l'irrégulier de la profession, et qui peut avoir, alors, les origines les plus bizarres. L'un de ceux-là, politicien actif, volontiers candidat dans son arrondissement, avait été perruquier à Mazas. Un autre, un homme de lettres, auteur d'un volume : *En plein Faubourg*, avait acheté, il y a quelques années, un fonds de vins faubourg du Temple, pour voir l'ouvrier de plus près, et nous donner ainsi un « livre vécu ». Tout le monde connaît, enfin, le débitant « esthétique », peintre, chanteur, ami d'artistes, artiste lui-même. Mais tous ces débitants-là sont l'exception, n'ont aucune importance corporative, et le débitant parisien, sans être absolument un commerçant comme un autre, n'en est pas moins d'ordinaire un pur commerçant, dont le signe particulier est plutôt d'être provincial. Des gens de campagne ou de petite ville, ayant un petit bien, et décidés à le risquer pour le tripler, achètent un fonds. Ce sont des Limousins, des Auvergnats, des Aveyronnais, des Gascons. Ils émigrent, et viennent s'établir à Charonne, à Levallois-Perret, avenue d'Italie, mais restent toujours, dans leur boutique, de Saint-Flour ou de Pézenas. Ils connaissent leurs députés, leurs sénateurs, vont les voir, leur demandent des services, et sénateurs et députés ne manquent jamais non plus de leur rendre les services demandés. Un banquet de marchands de vins a lieu, et vous le

croyez présidé par un révolutionnaire de cabaret?
Vous vous trompez. Il l'est par un député ou un
sénateur de la Côte-d'Or, du Cantal, ou du Tarn-
et-Garonne, et le législateur du Quercy, de l'Auvergne ou de la Bourgogne se ménage ainsi les
électeurs de Beaune, d'Aurillac ou de Montauban,
en protégeant les débitants d'Auteuil, de Grenelle
ou des Gobelins... Tel est souvent, comme origine
le marchand de vins parisien, quand vous n'y retrouvez pas le cuisinier ou le valet de chambre qui
a fait des économies, le cocher qui a compté sur
la clientèle des cochers, le garçon de café qui a
mis de côté ses pourboires, le tonnelier qui n'a
même pas eu à changer de tablier pour changer
d'état, l'employé du gros distillateur, ou l'homme
industrieusement multiforme, qui passe successi-
vement par plusieurs de ces professions diverses,
mais n'en est pas moins aussi venu de sa province,
rêvant d'y retourner riche après tant de métiers
différents, et qui n'a garde, lui non plus, de négli-
ger le sénateur ou le député de son pays.

Combien sont-ils, maintenant, partis ainsi d'un
point ou d'un autre, venus de l'office ou de la dis-
tillerie, tombés de la Camargue à la Goutte-d'Or,
ou du Roussillon rue Mouffetard, et qui versent
le « petit bleu » dans Paris et la banlieue? Ils sont
quarante mille. Quarante mille! Formidable chiffre, et qui accuse une clientèle formidable. Les

femmes, relativement, vont peu au cabaret, et quelle armée de votants, quelles légions d'électeurs, doivent abreuver, dès lors, ces quarante mille cabaretiers! Quel monde imprévu, grouillant, inclassable, constitué par tout ce qu'on peut imaginer de mauvais et même de bon, de tranquille et de turbulent, de casanier et d'errant, d'exécrable et de pitoyable! Selon le quartier, la rue ou même le coin de rue, les figures que vous remarquez dans un débit ne ressemblent plus à celles que vous voyez dans un autre. Près d'une station de voitures, un débitant n'hébergera que des cochers de fiacre. Un autre, près d'un cercle, n'aura chez lui que des cochers de cercle. Un troisième, dans un quartier aristocratique, ne recevra que des « gens de maison ». Certaines boutiques, près des cimetières, ne désemplissent pas de croque-morts; d'autres, dans les quartiers en construction, ne désemplissent pas de maçons; d'autres, à côté des théâtres, ne désemplissent pas de machinistes, de décorateurs, de marchands de billets et de figurants. Entrez, à une certaine heure, chez le marchand de vins voisin d'une maison centrale, et vous n'y trouverez que des surveillants de prison; revenez un peu plus tard, et vous n'y rencontrerez que des voleurs...

IV

De l'énorme foule humaine qu'évoque ainsi la grosse rumeur de ces quarante mille cabarets, la figure morale du débitant commence déjà à se dégager, et le premier trait qui en ressort, c'est qu'il est *un patron*, avec un capital. Petit patron, mais patron, et que ses clients n'appellent même jamais que « patron ». — Patron, un verre... Patron, combien?... Patron, on vous paiera demain. — Second trait ; il est un homme de province fortement attaché à son pays, et un homme d'économie fortement attaché à ce qu'il possède. Troisième trait : c'est aussi, néanmoins, un commerçant hardi, ne craignant pas une clientèle où les risques, parfois, vont jusqu'aux coups de couteau, ni l'effroyable concurrence représentée par quarante mille concurrents. Enfin, quatrième trait : par la nécessité même où il se trouve d'exercer la police de sa boutique, sur un public souvent dangereux, il prend l'habitude de l'autorité, l'habitude lui en donne le goût, et il résulte, chez lui, de tous ces traits de sa nature, un total psychologique devant lequel beaucoup de personnes reculeront peut-être étonnées, mais qui n'en est pas moins exact : au fond, et quelles que soient les apparences, le marchand de vins est marqué, en politique, pour être un « conservateur ». Il le sera à sa façon, mais il le sera.

En somme, et voilà donc une première surprise, le marchand de vins vaut mieux que sa réputation. Qu'il le veuille ou non, il est assurément un démoralisateur. Il propage par métier l'alcoolisme, ne peut pas ne pas le propager, et contribue ainsi, de la façon la plus certaine, à la corruption générale, mais il y contribue avec innocence, et, comme homme, au demeurant, se révèle plutôt un brave homme. Il est vaillant, risque son « bien », se condamne à vivre dans un monde qui n'est pas toujours le sien, doit y déployer du courage, du bon sens, de la fermeté, et s'embarque un peu pour cette vie comme le colon pour les colonies. J'ai longtemps vu dans le débitant, pour ma part, un industriel douteux, mais on le voit peut-être mal en le voyant ainsi, et il n'est pas sans qualités. Il a de l'énergie, du loyalisme, de l'humanité, et, dans ses mœurs professionnelles, pratique une solidarité familiale. Pas un marchand de vins n'a un enfant, n'en marie un, ou ne se marie lui-même, sans que la corporation ne s'en réjouisse. Elle a un journal, le *Journal officiel de l'Union syndicale*, et la lecture en rappelle l'honnête Berquin. Les vœux pour les noces, les souhaits pour les naissances, les regrets pour les morts, les marques d'affliction ou de joie, les souvenirs, les effusions de toutes sortes le remplissent, et tout cela bonnement, sincèrement, sans banalité. Quant à la politique, aux élections, pas une ligne! Vous trouvez là des renseignements commerciaux, des indications techniques, des recettes de matelotes, des recommandations de politesse, des études sur le mouillage, le plâtrage, la casse, la mise en cave, mais de la république, de la monarchie, du radicalisme, du socialisme, de l'anticléricalisme, pas un mot, pas une syllabe! C'est, là-dessus, la même abstention, le même mutisme, et presque la même pudeur que dans une revue de demoiselles.

V

Il ne faudrait pas en conclure, cependant, que jamais, ni sous aucune forme, le marchand de vins ne s'occupe de politique, mais la vérité est qu'il s'en occupe moins qu'on ne le croit, et autrement qu'on ne le pense. Il a sa politique, et y joue son rôle, mais ni sa politique ni son rôle ne sont d'habitude ceux qu'on lui prête.

D'abord, et nécessairement, il incarne l'influence que représentent, dans une ville, 40.000

locaux de réunion. Il procure à 200.000, 300.000 500.000 citoyens, 40.000 foyers de communication. Supprimez le marchand de vins, et ces 40.000 foyers de communication n'existent plus. Or, un débit de vins, outre le débit même, comporte ordinairement une salle attenante, où se tiennent, de fondation, toutes les réunions politiques, municipales, électorales, syndicales ou corporatives du quartier, et ses salles, à Paris, grandes ou petites, sont innombrables. Toutes les fois qu'on se rassemble pour étudier, organiser ou désorganiser quelque chose, c'est dans la boutique d'un marchand de vins. Feuilletez les journaux spéciaux, les relevés administratifs, et vous y noterez chaque jour, chez les débitants, les plus nombreuses réunions : « le Comité central électoral de la 2e circonscription du XIIe arrondissement, *salle Gauthier*... Le Parti ouvrier socialiste révolutionnaire du XIe arrondissement, *café de la Poste*... Le Comité socialiste de la 2e circonscription du Xe arrondissement, *salle du Petit Tambour*... Le Groupe d'études sociales du IVe arrondissement, *salle Danjou*... Le Comité républicain progressiste de la 1re circonscription du XIIIe arrondissement, *salle Brégigeou*... La Ligue antisémitique, 7, *rue Lantonnet*... Le Groupe central socialiste révolutionnaire du XVIIe arrondissement, *salle Carel*, etc., etc. » Cent, cent cinquante, deux cents, trois cents, quatre cents comités, ligues, cercles, groupes, se retrouvent ainsi au cabaret, et grâce au cabaretier. Les grands meetings ont souvent lieu dans les préaux d'écoles ou les théâtres de quartier, mais toutes les réunions préparatoires, celles où le candidat prend un premier contact avec les électeurs, et leur donne, pour ainsi dire, une sensation préliminaire de sa personne, se tiennent chez le marchand de vins. Là se rendent et discutent les délégations, les commissions, les sous-commissions ; là on se concerte, là on se tâte, là on complote ; là se donnent, pour la bonne cause, des sauteries et des concerts. Un avocat et un chimiste, au cours d'une période électorale, s'étaient entendus pour donner une conférence, aux environs de la Villette, dans la *salle des Deux Canons*. Le sujet choisi était le « Vin » lui-même, et l'avocat devait traiter la question légale, lorsque le chimiste aurait traité la question chimique. Le chimiste, seulement, par une espiè glerie de chimiste, s'amusait à prendre le sujet au point de vue du Droit, et faisait ainsi d'avance la conférence de l'avocat. Mais un avocat n'est n'est jamais en retard, et celui-ci, quand venait son tour, s'emparait du sujet au point de vue de la science, et traitait imperturbablement la question chimique !

VI

Le mot de Balzac est donc rigoureusement juste, et le cabaret est bien le « parlement du peuple ». L'électeur, pour délibérer, a besoin d'un local, et le marchand de vins le lui fournit, comme l'État le fournit à l'élu. Pour le second, il est vrai, la buvette est l'accessoire, tandis qu'elle est le principal pour le premier, mais nous allons, là encore, retrouver une autre cause de l'influence du débitant. Il alimente la foule, et, en l'alimentant, lui crée un tempérament, ou modifie celui qu'elle a. La vie, les idées, les sentiments, la moralité d'un peuple physiquement sain ne sont pas ceux d'un peuple malsain, et le débitant, en contribuant à l'état cérébral de l'électeur, est aussi pour quelque chose dans ses sentiments, sa moralité, ses idées. La bonne ou mauvaise santé populaire dépend d'abord du fournisseur en gros, qui frelate ou ne frelate pas ses denrées, mais on doit également en demander compte au tenancier qui les débite, et le vote d'une population empoisonnée, ou perdue d'alcoolisme, ne ressemblera pas à celui de l'électeur sobre, ou purement alimenté. Ici, comme plus haut, et d'une certaine façon, le marchand de vins est donc bien le « grand électeur », et peut même l'être aussi quand il arrive de province, qu'il retrouve des compatriotes, et les groupe autour de lui. Il est ainsi le centre d'un réseau. Et peut-être même encore, à l'occasion, exercera-t-il une sorte d'influence intime sur quelques-uns de ses clients. L'auteur d'*En plein Faubourg*, qui doit s'y connaître, voit en lui comme une façon de « confesseur », et le marchand de vins, effectivement, semble tout destiné à recevoir les confidences, sinon à les garder. Ne fût-ce que pour obtenir de sa générosité un crédit auquel il résiste, on doit assez souvent se confesser à lui, lui conter ses peines, surtout ses espérances, et le voilà, pour la naïveté populaire, l'ami auquel on se confie, la conscience sur laquelle on se règle! Mais ira-t-il, dans cette fonction, jusqu'à être un directeur de conscience électoral? On risquerait de se tromper en l'affirmant, et c'est ici que son rôle de « grand électeur » devient vague. Use-t-il vraiment de son autorité morale pour dicter son devoir politique à une certaine clientèle? On peut en douter, et par une raison bien simple, c'est qu'en fait de politique il n'en a sérieusement qu'une : l'intérêt de sa profession. S'il le voit en jeu, il agira, mais n'agira guère s'il ne l'y voit pas. Il est passionnément, fanatiquement professionnel. Chez certains débitants se réunissent des socialistes, chez d'autres des radicaux, chez d'au-

tres des antisémites, chez d'autres des nationalis-
tes, chez d'autres des progressistes, chez d'autres
des conservateurs... Tous ces marchands de vins
sont-ils eux-mêmes socialistes, radicaux, antisémites, progressistes, conservateurs ? Avant tout,
ils sont marchands de vins.

VII

Pas un corps de métier, d'ailleurs, ne se tient,
comme le débitant, en contact avec les politiciens.
Il n'apparaît même jamais, on peut le dire, que
dans l'ombre d'un député, d'un sénateur ou d'un
conseiller municipal, mais n'y poursuit jamais
qu'une chose : l'intérêt, les progrès, la prospérité de sa corporation.

Il y a toujours, à Paris, un nombre considérable de « fonds de vins » à vendre. On y constate
une moyenne de cent trente débits vendus par semaine, cinq à six cents par mois, six à sept mille
par an. Vous entrevoyez là beaucoup de faillites,
mais en même temps une grande activité d'acquisition et d'échange, et l'une des spéculations volontiers pratiquées par les débitants caractérise
admirablement leur « politique ». Prenez l'une
des centaines d'annonces publiées chaque diman-

che par les feuilles spéciales : « Près de la gare de X... Bail à volonté... Affaires par jour, 70 fr... Le vendeur n'est pas du métier, se retire... Prix : 3,500 francs... » Que va faire, en lisant cela, le débitant qui est « du métier »? Il va remarquer ce fonds près d'une gare, constater l'absence de tout « stationnement de voitures » dans les environs, et acheter le débit, avec le plan bien arrêté d'obtenir le « stationnement ». Il l'obtient, double ou triple ainsi la valeur du fonds, et le revend le double ou le triple, pour en racheter un autre, le doter encore d'un « stationnement », et le revendre encore, après l'en avoir doté. Or, comment, par qui, obtient-il ces « stationnements »? Par le conseiller municipal de son quartier, le député de son arrondissement, celui de son pays, et tous les conseillers, députés, sénateurs de sa connaissance. Aussi ne voit-il que des sénateurs, des députés, des conseillers, et spécialement des radicaux, des socialistes, des anticléricaux. Il a l'air ainsi de faire avec eux de la politique radicale, socialiste, anticléricale, et croit sans doute lui-même qu'il en fait. Au fond, il n'en a qu'une, et n'en a jamais fait qu'une : la politique du « stationnement ».

Mais « le stationnement » n'est pas le seul rêve du débitant, il en a encore un autre : adjoindre à sa boutique un bureau de tabac. Or, par quelle voie y parvenir? Par celle des politiciens. Ici encore, il semble donc faire de la politique, et il en suit bien une, mais une seule : la politique du « bureau de tabac ». A l'entendre, du reste, les hommes politiques le flattent beaucoup, mais se borneraient à le flatter, et il aurait le droit de se plaindre d'eux. Il paye déjà deux patentes, celle des commerçants ordinaires, plus une licence qui lui est spéciale, et serait encore menacé d'une seconde licence. Il finirait ainsi par payer trois patentes. Or, comment conjurer la troisième patente, si ce n'est encore par les députés, les sénateurs, et les conseillers municipaux? Et on le frappe aussi, prétend-il, pour des falsifications dont la faute remonterait à ses fournisseurs en gros. Une barrique falsifiée lui arrive, on la saisit chez lui avant même qu'il ait eu le temps de la goûter, et on l'en déclare le falsificateur! C'est inique, et il réclame le prélèvement d'un échantillon à sa porte, avant tout dépôt dans sa boutique. Or, qui doit-il, ici encore, gagner à sa cause? Toujours les sénateurs, les députés, les conseillers municipaux. Et, pour échapper aux nouveaux droits que lui présage la suppression des octrois, à qui devra-t-il apporter ses arguments ou ses doléances? Qui devra-t-il solliciter, inviter à ses banquets, endoctriner, convaincre? Les hommes politiques. A toute occasion, il faudra encore qu'il les fréquente, leur promette ses bons offices afin d'obtenir les leurs, se mette au service de leurs candidatures, et leur laisse aussi un peu entendre qu'il pourrait cesser de s'y mettre. Mais quelle politique, encore une fois, poursuit-il toujours, sous toutes celles qu'il paraît faire? Une seule, la sienne. Et tous les politiciens, quels qu'ils soient, ne manquent jamais, de leur côté, de s'en dire les amis et les soutiens, précisément parce qu'elle est une politique neutre, pouvant s'adapter à toutes les autres, et parce que l'homme soumis au choix des électeurs ne peut pas, d'autre part, ne pas se ménager l'homme par qui les électeurs communiquent. Comment, dans ces conditions, les modérés, les radicaux, les césariens, les conservateurs, et même les monarchistes, ne se proclameraient-ils pas tous, les uns aussi bien que les autres, protecteurs du marchand de vins, puisque le marchand de vins a pour programme unique de soutenir qui le soutient, et de combattre qui le combat? Comment aussi n'attacheraient-ils pas tous la plus sérieuse importance aux sympathies d'une corporation de 40.000 membres, qui sont les 40.000 hôtes du Suffrage Universel? L'intérêt des débitants à ne pas distinguer entre les couleurs politiques est évident, mais celui des hommes politiques à se concilier les débitants ne l'est pas moins.

Ainsi, à certains points de vue, nous pouvons

bien voir dans le marchand de vins un « grand électeur », mais non un « grand électeur » sectaire, révolutionnaire, démolisseur par instinct, et qui verse sciemment les idées subversives au nom d'un parti ou d'une utopie. Assurément, il en verse plus d'une, mais comme il verse le vin fuchsiné, parce que le fournisseur le lui envoie fuchsiné. Qu'on lui en envoie de meilleur, et il ne demandera pas mieux! Qu'on trinque sur son comptoir à la santé d'un grand homme, au lieu d'y trinquer à celle d'un aigrefin, et il s'en réjouira tout le premier! Il vote pour les radicaux et les francs-maçons parce que les radicaux et les francs-maçons disposent des « stationnements », des « bureaux de tabac », et qu'ils peuvent abolir ou tripler les licences, mais il n'est pas pour eux. Il espère simplement qu'ils seront pour lui, et lui-même n'est qu'un brave homme, qui considère son métier. A-t-il tort? Pas tout à fait. Et il nous donne même là une leçon de bon sens, en se bornant, lui marchand de vins, à n'être qu'un marchand de vins. Il serait peut-être dangereux de lui accorder tout ce qu'il réclame, et le zèle même de sa profession doit l'égarer, mais est-elle bien d'un si mauvais exemple, dans le détraquement contagieux et général de l'époque, cette corporation encore assez sensée pour ne se mêler que de ce qui la regarde?

VIII

A l'heure qu'il est, et comme tout dans le monde, les débitants sont en crise. Le socialisme est surtout menaçant pour le petit commerce, le marchand de vins est un petit commerçant, et les sociétés coopératives, qui dérivent du socialisme, sont aujourd'hui ce qui l'inquiète le plus, ce qu'il combat le plus énergiquement. Toujours avec son esprit de métier, son bon sens et sa vigilance professionnels, il ne voit pas seulement, dans ces sociétés, sous la forme où elles se présentent, une concurrence dangereuse, mais une concurrence déloyale, déloyalement privilégiée, et rien n'est instructif, j'allais même dire dramatique, comme le compte rendu d'une séance tenue à la Société d'horticulture, avant l'Exposition universelle, à propos des travaux qu'on allait y entreprendre.

... Plus de mille personnes *attentives*, relate le *Journal officiel* du Syndicat, et, on le sentait, *soucieuses de leurs intérêts*, y assistaient.

L'ordre du jour portait :

Obtenir des représentants élus la certitude que des cantines, quelle que soit leur dénomination, n'existeront pas dans l'Exposition pendant la durée des travaux, et leur démolition.

La présence de MM. H... et F..., députés de Paris, et L..., conseiller municipal, était des plus remarquée.

Nous avons, en vain, cherché dans l'assistance les conseillers municipaux des quartiers intéressés. Leurs électeurs se *souviendront d'eux, sans aucun doute...*

Puis, le secrétaire de la réunion prend la parole, et prononce le discours suivant :

Trois semaines, Messieurs, se sont écoulées... Réunis, nous avons décidé que, faisant appel au commerce, nous devions, par un effort, nous assurer le *libre exercice de professions auxquelles nous sommes voués...* Il y a trois semaines de cela, devant le même public, je suppliais la ville de Paris, en la personne de ses représentants, *de laisser le commerce au commerçant.*

Dans nos écoles publiques, dans nos écoles secondaires, quelle définition nous donne-t-on du commerçant ?

Le commerçant, nous dit on, est celui qui, moyennant certaines obligations fiscales et certaines ordonnances urbaines, a le *droit exclusif* de faire l'échange de la marchandise qu'il offre contre finance ou nature...

Or, continue l'orateur, notre « droit », nos « intérêts, » notre « propriété » sont lésés, menacés par des spéculateurs privilégiés qui, « sans rien payer au fisc, » vont établir des cantines sur les chantiers mêmes de l'Exposition...

Comment ! Voilà des commerçants qui, depuis de longues années, paient des loyers et des impôts, qui attendent, pour vivre et élever les leurs, que la moisson vienne, qui ont semé, et qui sont menacés de ne pas récolter ?

Et pourquoi ? Parce que des capitalistes, jouant *les bons apôtres du socialisme*, vont se faire adjuger un monopole, et vivre, *pieuvres du commerce*, de la *propriété* même des commerçants !

Puis, ce couplet original :

Depuis 1890, le Champ-de-Mars était l'enfant gâté de la rive gauche. Les concerts intelligemment dirigés, le vélodrome habilement organisé, l'attrait de la Tour Eiffel, les quelques rendez-vous de la Galerie des machines, cette villa malgache qui attirait tout Paris, ce grand air enfin qui attirait les enfants de nos écoles pour leurs jeux athlétiques, les bonnes de nos enfants pour le grand bonheur des enfants eux-mêmes... Voilà de quoi vivait le commerce du quartier !...

... Mais une nuée d'entrepreneurs arrive depuis six mois. Adieu courses vélocipédiques, adieu mélodie et chorégraphie ! Adieu la verdure, adieu même l'ombrage ! Tous les jours, nous pouvons saluer au passage le cortège des arbres de tes avenues, Champ-de-Mars où l'on pouvait jadis respirer !

C'est un mal nécessaire... Mais si notre résignation est faite, elle ne l'est pas sans intérêt, sans espoir de compensation... Cette nuée d'entrepreneurs doit amener une phalange d'ouvriers, et c'est alors que, prenant son essor, le commerce va faire son œuvre féconde... Tout le monde doit prendre place à la table de famille, et les abeilles vont enfin butiner, le miel va enfin couler !

Eh bien, non, le frelon est là qui les guette, ces travailleurs ! Déjà il a pénétré dans une ruche, il en est le maître, il triomphe !...

Et l'orateur conclut :

Le mot de « coopération » n'a pas plus de valeur sur l'étiquette de ces établissements que la croix du Christ du Portugal sur la poitrine d'un rastaquouère! Il n'y a que le prix à y mettre, et l'affaire est assez bonne pour qu'ils y mettent le prix!... Et nous, commerçants, il nous faut payer un loyer, des contributions, et il nous faudrait supporter qu'une société de riches négociants, industriels et *politiciens* vienne s'emparer d'un terrain qui n'est pas le leur, et, au comptant, n'ayant aucuns frais généraux à supporter, nous fauchent l'existence commerciale à armes inégales, et soutenus par une administration dont nous alimentons la caisse?

. . . .

Avec peine, nous satisfaisons les besoins de la cité et de l'État. Le patenté est l'être pressurable, mais ne le tarissez point, et voyez si une société, *si coopérative qu'elle soit,* faisant un million d'affaires, vaut, au point de vue fiscal, un petit fruitier faisant 6.000 francs par an!...

En tolérant cela, c'est du SOCIALISME que nos représentants font, mais ils créent un DANGER SOCIAL.

C'est le discours du marchand de vins du Danube, et tout le « grand électeur » est dans cette harangue à la fois pittoresque, virulente, et « conservatrice ». Le débitant, par l'exclusive et logique passion de son métier, est devenu la représentation la plus accentuée de cet ancien petit commerce français que soulève et indigne la partialité avec laquelle on le sacrifie à la grosse et montante spéculation socialiste. Il défend, à sa manière, la vieille et originale personnalité humaine, si susceptible, si intéressante, et que blesse de plus en plus le triomphe de la masse aveugle. Il déploie avec énergie le drapeau de la démocratie personnelle, contre la monstrueuse démocratie anonyme, sans âme, sans justice, sans figure et sans tête, qui n'a que des mains pour prendre et un corps pour écraser. Il en est venu, lui aussi, uniquement parce qu'il avait encore une vaillance propre, une famille, un coin de terre, une boutique, à regretter le vieux monde et à se retourner vers lui.

IX

Tous les ans, les marchands de vins donnent un grand banquet corporatif. Un millier de sociétaires s'y réunissent, les dames viennent, on invite le Gouvernement, et le *Journal officiel de l'Union syndicale* annonçait la fête, cette année, dans une proclamation émue, vibrante, imprimée en lettres énormes : « Vous avez lu la grande nouvelle... Mardi, 29 mars, l'Union syndicale des débitants de vins et liquoristes de Paris offre son grand banquet annuel, dans les Salons du Grand-Orient. C'est dire que nous faisons appel à tous... Mieux que cela, à toutes! Il faut que les *dames et les demoiselles des Sociétaires* n'oublient pas leur gracieux devoir... Que travaillent les aiguilles, se mobilisent les couturières!... » Huit jours après, même annonce, toujours en caractères d'affiche, et avec cet attrait nouveau : *Le Banquet aura lieu sous la présidence de M. le Ministre du Commerce...* Et, chaque semaine, pendant un mois, on répète ainsi l'appel : « Vous avez lu la grande nouvelle... Il faut que les dames et les demoiselles n'oublient pas leur gracieux devoir... Que travaillent les aiguilles, se mobilisent les couturières... » Enfin, le grand jour arrive, et le journal, la veille du banquet, corse encore son lyrisme : « Un jour seulement nous sépare de la grande fête corporative... A l'heure où nous écrivons ces lignes, toutes les indécisions ont disparu, et certainement les toilettes ravissantes que nous allons bientôt admirer *n'attendent plus que le moment de recevoir dans leurs plis les gracieux contours de nos charmantes convives...* »

Le lendemain soir, en effet, par un temps de pluie et de bourrasques, une foule à physionomie spéciale, les hommes en cravates blanches, avec de fortes mains et des figures colorées, les dames en toilettes claires avec des airs de santé et des fleurs dans leurs cheveux, se pressait rue Cadet, à la porte du Grand-Orient, sous un fâcheux vent mouillé qui défrisait les coiffures et rebroussait le poil des chapeaux... Je voulus voir la fête, et rien ne fut plus facile. Les marchands de vins sont de bonnes gens, largement hospitaliers, et j'avais déjà pris ma place, depuis une demi-heure, parmi les mille ou douze cents convives, dans la grande salle décorée de fresques, lorsque le banquet commença. Le ministre manquait, mais s'était fait représenter par un envoyé, et d'autres notabilités, un sénateur du Cantal, un conseiller municipal collectiviste, d'autres de nuances diverses, siégeaient sur l'estrade d'honneur. Tous avaient reçu le meilleur accueil... Mais le plus chaudement acclamé, par les plus longues ovations, était un « conservateur », M. Georges Berry, le député « rallié », qui occupait la présidence, et dînait dans un fauteuil, ombragé par les drapeaux.

Le coup d'œil était imposant. Les tables s'allongeaient comme à perte de vue; les têtes, aux derniers plans, s'y brouillaient comme dans une brume, et ce qui dominait, dans toutes les physionomies, c'était la joie d'être là, entre soi, sous de belles lumières, avec un menu de vingt plats, des dames, des amis, et des fanfares jouant des valses... Vers dix heures, le président Berry frappait avec un couteau sur une assiette, le silence se faisait, et les discours commençaient, mais sans un mot de politique, et sans que les allusions, les finesses, ou l'éloquence y portassent sur autre chose que sur l'abolition des octrois, la dureté des patentes, ou l'invasion désastreuse des sociétés coopératives. Trois ou quatre orateurs se succédèrent ainsi. Puis, après quelques toasts, le sénateur du Cantal, M. Baduel, très gros, très rouge, ému, le geste tremblant, se levait pour prononcer le sien. M. Baduel est un vieux républicain, et un tonnerre d'applaudissements saluait son apparition, mais un cri, en même temps, partait du fond de la salle et expliquait l'ovation :

— Écoutez, les Auvergnats !

Et l'ovation, en effet, ne s'était adressée qu'à l'Auvergnat... Toujours ému, cependant, et le geste toujours tremblant, M. Baduel essayait l'éloge de la République, mais les acclamations devenaient tout de suite plus maigres. Quelque chose les gênait. Elles languissaient. A son tour, ensuite, le conseiller collectiviste voulait risquer un peu de propagande : « Citoyens, souvenez-vous que la République... » Mais un léger bruit de conversation couvrait, à ces mots-là, la voix du collectiviste. Il se rejetait sur les élections, mais on n'en causait que plus haut, si haut qu'il devait se rasseoir, et l'orateur suivant, un autre conseiller radical, était encore moins heureux. « Citoyens, débutait-il gaîment, on vous accusait autrefois de mettre de l'eau dans votre vin, mais je crois bien qu'aujourd'hui c'est le gouvernement... » Mais on ne le laissait pas achever, et des mouvements d'impatience, des rumeurs lui coupaient rudement la parole. « Citoyens, la République... Citoyens, les élections... » Mais on ne l'entendait même plus, et l'impatience éclatait. On n'était pas venu là pour la République, et l'assistance finissait par refuser de l'écouter...

X

Que fallait-il conclure de cette singulière fin de banquet démocratique ? Elle n'était peut-être qu'un accident, mais ne vous en induisait pas moins à réfléchir, et quelque chose, en effet, trouble le marchand de vins, car l'« association coopérative », le grand « assommoir » anonyme et collectif de l'avenir, dernier mot logique de la Révolution, tuera évidemment le petit débitant. Tous les politiciens, il y a vingt ans, avaient les yeux fixés sur lui, et c'était, à cette époque, sa véritable apogée, l'heure où il eut son siège à la Chambre, le temps de la candidature symbolique du célèbre M. Hude. Mais les idées marchent, et les mêmes politiciens, qui se guidaient autrefois sur l'estaminet, se guident à présent sur la « coopérative ». C'est la puissance nouvelle qui se lève, et le marchand de vins, le légendaire marchand de vins, avec sa boutique et son comptoir, les quatre fusains de sa porte, son gilet de laine, sa casquette, et son auréole d'électeur considérable, ne sera peut-être plus, dans vingt autres années, comme l'ancien alchimiste et l'ancien apothicaire, qu'un objet d'étude rétrospective, un sujet pittoresque de vieille estampe. La Démocratie aura tout dévoré, même lui. Tout s'y sera englouti, même le débitant. Tout y aura disparu, même le *Mastroquet!*

CHEZ LES VERRIERS

CHEZ LES VERRIERS

Septembre 1897.

La grève de Carmaux, d'où sortit la Verrerie d'Albi, n'avait pas été très longue. Commencée, exactement, le 29 juillet 1895, elle finissait exactement le 15 octobre. La durée n'en eut donc rien d'exceptionnel, et les suites seules devaient en être importantes.

Un nommé Baudot, verrier à la Verrerie Sainte-Clotilde, dans l'usine de M. Rességuier, prenait un jour un congé sans permission, et la direction le renvoyait. Le Syndicat des verriers réclamait la réintégration de son syndiqué, mais la direction s'y refusait. « Ou la reprise de Baudot, ou la grève ! » répliquait immédiatement le Syndicat. Mais la direction refusait de nouveau... Les verriers, alors, s'ameutaient, couvraient les murs de placards indignés : *Rességuier l'affa-*

meur... Infamie patronale... Ou Baudot, ou la grève!... Mais M. Rességuier, pour toute réponse, sommait les grévistes de se remettre au travail, leur fixait un délai, éteignait les fours ce délai passé, et ripostait ainsi, à la grève ouvrière, par la grève directoriale. Trois mois plus tard, la population verrière de Carmaux se trouvait coupée en deux. Une partie, celle qui s'était soumise, rentrait à l'usine Sainte-Clotilde, et l'autre, très surexcitée, se préparait à fonder une usine adverse, l'usine « sans patron », en concurrence avec l'usine « patronale ». La « Verrerie aux verriers », la future « Verrerie ouvrière » d'Albi commençait ainsi à poindre, et la Verrerie Sainte-Clotilde, de son côté, reconstituait ses équipes, rallumait ses fours, et remarchait.

Dès le premier jour, la lutte entre M. Rességuier et ses ouvriers se distingue donc nettement des querelles ordinaires entre ouvriers et patrons, et les ouvriers, comme le patron, non seulement en conviennent, mais insistent même sur le caractère de leur différend. Ils ne bataillent pas pour des questions de salaires, le patron pour payer moins, et les ouvriers pour gagner davantage; ils ne se font pas un procès vulgaire, pour de simples intérêts courants, ils combattent pour des principes. Les ouvriers dénient à M. Rességuier son droit de patron, et M. Rességuier, con-

duit sur ce terrain par ses adversaires, entend
y rester. Tandis qu'ils prétendent incarner en eux
le droit de s'appartenir comme ouvriers, il déclare
incarner en lui le droit qu'ont les patrons d'être
maîtres chez eux, le vieux droit classique du
« charbonnier ».

— Vous, disait-il un jour dans son bureau à
l'un de ses verriers, vous êtes un apôtre, je le
sais... Vous êtes pour l'abolition du patronat !

Et le verrier, avec cette gêne que l'employé, longtemps encore, ressentira vis-à-vis du
« maître » :

— Oui, monsieur Rességuier, oui, mais pas
contre vous...

Et toute la guerre des deux verreries va effectivement pivoter là-dessus : la verrerie avec un
patron, et la verrerie sans patron.

— Nous voulons, déclarent les verriers, que
l'ouvrier s'appartienne comme ouvrier, qu'il travaille pour lui, chez lui, à son propre bénéfice,
qu'il soit libre, et que les renvois comme celui de
Baudot ne soient plus possibles.

— Et moi, répond M. Rességuier, j'entends
m'appartenir comme patron, et pouvoir, par conséquent, renvoyer Baudot.

Voilà bien le point de départ des hostilités, et
les prétentions dans les deux camps, ce qu'on entend garder dans l'un, et ce qu'on entend prendre

dans l'autre. La « Verrerie ouvrière » a-t-elle donc réalisé la « verrerie sans patron », et comment l'a-t-elle réalisée ? Est-elle bien la verrerie où le verrier « s'appartient », où il est « libre », où il produit « pour lui », « chez lui », sur « son sol », dans « ses murs », à « son bénéfice », dans « sa verrerie », et où il produit utilement, avec succès, ou l'espérance du succès... ?

C'est ce qu'il faut voir, et voir en témoins désintéressés, quoiqu'en spectateurs que le spectacle intéresse.

II

Le tableau d'un four en travail a sa beauté, et réalise au plus haut degré l'espèce de poésie vulcanique de la vie industrielle. Sous la toiture vitrée, et toute encrassée de fumée, d'une grande bâtisse pleine de tapage et ouverte à tous les vents, se dressent des exhaussements de brique, d'où sortent des mugissements. Il en transpire une chaleur torride, et des équipes d'hommes et d'enfants y courent et s'y agitent à moitié nus, comme sur des théâtres. Chacun de ces exhaussements est un four, se chauffe à dix-huit cents degrés, contient un bouillonnement de cinquante mille kilos de verre en fusion, et occupe, sur sa plate-forme, selon le nombre de ses places, de neuf à vingt-neuf ouvriers, les *souffleurs*, les *grands garçons* et les *gamins*. Ailleurs, travaillent les *porteurs, fondeurs, décrasseurs* et *gaziers*, également employés aux fours, mais dans les dessous, et qui ne rentrent pas dans la classe des verriers proprement dits. Le *gamin* a de quatorze à dix-huit ans, et *cueille le verre*. A la porte même du four, il tire, de la lave en flamme, une grosse bulle de feu liquide au bout d'une canne en fer creux, et la passe au *grand garçon*. Le *grand garçon* prend la canne, y fait tourner la bulle de feu, procède ainsi à une première préparation qu'on appelle une *paraison*, et passe, à son tour, canne et verre au *souffleur*, qui y souffle à pleins poumons. Il enfle la bulle ardente, joue avec elle, au bout du chalumeau de fer, comme avec une bulle de savon au bout d'une paille, l'arrondit, l'allonge en poire, et la plonge enfin dans un moule, où il donne le dernier coup de souffle. C'est fini, la bouteille est faite, et on la jette alors au petit *porteur* qui l'emporte, au bout de la canne, dans l'étuve où elle refroidit. Ainsi se *cueille*, se *pare* et se *souffle* le verre. Installés dans les sous-sols, les *gaziers*, pendant ce temps-là, fabriquent, dosent et dirigent les gaz dont la combinaison porte le four à la puissance de chaleur voulue. A l'étage au-dessus, en même temps, les *fondeurs* mélangent les matières de la pâte, et les jettent, par pelletées, dans les chambres de fusion, pleines de brasiers immenses et fluides, qui frissonnent et se métamorphosent, se soulèvent, s'abaissent et se vallonnent dans les fournaises, sous leurs voûtes incandescentes, en éblouissants paysages. Enfin, outre tous ces gaziers, fondeurs et verriers, la verrerie comprend encore tout un monde d'ouvriers et d'ouvrières auxiliaires, toute une suite de chantiers et d'ateliers : menuisiers, ajusteurs, maçons, forgerons, ouvriers d'art, qui réparent, entretiennent ou perfectionnent l'outillage : *vannières, marqueuses, jaugeuses, emballeuses*, qui tressent les paniers pour les bonbonnes, marquent les bouteilles, jaugent les contenances de mesure réglementaire, et emballent les envois dans les wagons.

A Carmaux, tous ces différents services fonctionnent, et la Verrerie Sainte-Clotilde, entre les deux petits pavillons enfumés qui encadrent sa grille, a plutôt d'abord l'aspect d'un atelier de serrurerie ou d'un magasin de marchand de fer. Mais la multitude ouvrière, le bruit, la vie, l'étendue, l'activité des chantiers, vous y annoncent bientôt une grande usine. Cinq fours y sont en feu, et produisent une moyenne de trente mille bouteilles par jour. Les forges flambent, les marteaux-pilons tonnent, les femmes travaillent dans les vanneries, aux appareils de gravage, remplissent et renversent les litres dans les machines à jauger, et les fours, avec leur tapage, leur atmosphère foudroyante, leurs équipes, tout ce qui y besogne et s'y démène, complètent le tumulte et la mêlée. Gamins, grands garçons, souffleurs se secouent comme dans une bataille, pendant que les fournaises s'ouvrent et se referment, que les petits porteurs emportent les bouteilles, et que les goulots, cassés au bout des cannes, font entendre leur cliquetis sec. Noirs, brûlés, ravinés de sueur, tout nus dans leurs longues chemises, les verriers se passent les cannes, se les jettent, soufflent en gonflant leurs joues, ruisselants, trépidants, soutenus par leur fièvre, et avalant, dans un jour, pour ne pas tomber calcinés, jusqu'à dix et douze litres d'eau.

III

L'espèce de hiérarchie verrière que nous voyons là à l'œuvre, le *gamin*, le *grand garçon*, le *souffleur*, est seule, en réalité, à constituer la véritable corporation des verriers. C'est d'elle seule, également, ou surtout d'elle, que viennent les révoltes et les grèves. Le verrier est un nomade, et s'embauche, la plupart du temps, loin de son pays. Il ricoche indifféremment, avec ses meubles et sa famille, du Nord au Midi, de l'Est à l'Ouest, de France à l'étranger, et va de l'Allier dans le Tarn ou du Tarn dans la Somme, comme un ouvrier serrurier de la rue du Bac passe chez un patron de la rue Bonaparte ou de la rue de Seine. Les chefs de la grève, à Carmaux, venaient presque tous de Montluçon, et beaucoup de verriers, constamment, émigrent de tous les côtés, sans que ces émigrations changent rien, en réalité, à leurs habitudes professionnelles. Ils sont donc des errants, des « sans-pays », et il en résulte, entre eux tous, d'une contrée à l'autre, une franc-maçonnerie très serrée, comme aussi une grande facilité de mise en quarantaine et de persécution. Ils se connaissent tous, ne se perdent jamais de vue, savent toujours où se trouver, pour se soutenir ou se nuire, et vous voyez fréquemment, comme conséquence de cette constitution en tribu, des familles entièrement composées de verriers. Le père est *souffleur*, l'aîné *grand garçon*, et le cadet *gamin*. Un *grand garçon*, en moyenne, gagne les deux tiers de ce que gagne un souffleur, un gamin la moitié, et tous travaillent huit heures, en deux reprises de quatre heures chacune, séparées par un repos d'une demi-heure, pendant lequel ils mangent, et qu'ils appellent la *braise*. Les équipes changent toutes les huit heures, et les fours marchent jour et nuit.

Le métier de verrier, en somme, est terriblement meurtrier, et la bouteille que nous voyons sur notre table représente des milliers d'existences d'hommes et d'enfants dévorées et consumées dans de véritables enfers. Il serait dès lors trop cruel que le verrier n'eût pas au moins une compensation relative dans un salaire un peu fort, et un certain bien-être, une sorte d'aisance ou de semblant d'aisance, font en effet, partie de sa physionomie. Il peut gagner de grosses journées, et sa femme, ordinairement, n'a pas besoin de travailler. On dit de la « verrière » qu'elle « ne fait rien ». Elle tient sa maison, soigne son mari, ses enfants, mais n'exerce elle-même aucun métier, et ne rapporte rien au ménage. J'ai entrevu, à Carmaux, des intérieurs de verriers, et quelques-uns ne respirent pas seulement la propreté, mais l'honorabilité. La petite salle est très modeste, mais rangée par une ménagère qui a visiblement des loisirs. Le tapis de la table n'a rien de riche, mais la table n'en a pas moins son tapis, et le buffet, dans son coin, montre de la vaisselle. L'homme a la figure boucanée, comme fumée dans l'âtre, les yeux roussis, les mains brûlées, mais la « bour-

geoise » les a moins noires, et vous sentez,
dans l'ordre qui règne chez elle, une véritable tendance à la « bourgeoisie ». On racontait, pendant la grève de Carmaux, que la femme de l'un
des meneurs voulait ouvrir un salon où l'on serait
venu prendre le thé. C'était sans doute une plaisanterie, mais indiquant bien le nomade à part
qu'est le verrier, et le sort, en somme supportable,
que peut lui faire son métier.

IV

M. Rességuier aura peut-être été le « patron »
de France qu'on aura le plus menacé de mort.
La simple nomenclature des malédictions et des
outrages publiés contre lui pendant un mois
formerait un effrayant dictionnaire. Était-il donc
un directeur inhumain, un patron « tondant »
l'ouvrier? Il rappellerait plutôt, d'après les
apparences, certains républicains de 1848. Philanthrope à leur façon, ayant, comme eux, la
coquetterie de sa philanthropie, il aurait pu être,
sous une monarchie, un de ces patrons démo-
crates que leurs ouvriers envoient à la Chambre
en reconnaissance de leurs gros salaires, et qui
mettent le comble à leur popularité en siégeant

parmi les ennemis de la dynastie. Les salaires de M. Rességuier n'étaient sans doute que des « salaires », mais les plus élevés de toutes les verreries de France, et M. Jaurès, son ennemi, le reconnaît lui-même dans ses discours. Il entoure le fait de commentaires malveillants, le déprécie et le diminue, mais le reconnaît. En outre, à ce qu'on affirme, M. Rességuier donnait une indemnité de vingt francs aux ouvriers appelés comme réservistes au régiment, envoyait gratuitement le médecin aux malades, encourageait de sa considération et de sa bourse le syndicat des verriers, et lui avait même fait un don de mille francs. Il lui demandait des conseils, le consultait sur la valeur professionnelle de ses membres, et le traitait presque en associé. Peut-être allait-il ainsi un peu loin, et peut-être dans une intention politique, mais le verrier de Carmaux, en fait, était plutôt heureux pour un verrier. Certaines familles gagnaient quatre et cinq cents francs par mois. Des ouvriers s'enrichissaient, faisaient de grosses économies. L'un deux, dit-on, possède une maison de cinquante mille francs, y tient un café, et fait là, comme cafetier, d'excellentes affaires. A qui remontait un peu toute cette prospérité? A M. Rességuier, évidemment. Il y contribuait, et y avait contribué. Comment donc M. Rességuier, démocrate, philanthrope, et subventionneur de syndicats ouvriers, rompait-il tout à coup, à propos de l'incident Baudot, avec ces mêmes syndicats? On a déjà vu pourquoi, et comment la lutte s'était engagée. M. Rességuier, malgré tout, voulait être le maître, et les verriers, malgré tout aussi, entendaient s'émanciper. Peut-être maître et verriers, d'ailleurs, avaient-ils fraternisé de trop près pour que leur fraternité durât, et il faut lire, dans tous les cas, certains documents curieux. Les verriers, on l'a vu, avaient fondé un Syndicat, le Syndicat s'était affilié à la Fédération, et Fédération et Syndicat ne s'en tenaient pas, on va le voir aussi, au vague eldorado populaire des philanthropes ingénieux ou naïfs de 1848.

V

Lisons donc, d'abord, un certain *Règlement établi pour les apprentis verriers*, le 17 mars 1892, par l'ancienne *Chambre syndicale des verriers de Carmaux.*

Le voici dans son entier, avec toutes ses originalités d'expression, mais aussi, il faut bien le dire, avec toute l'extraordinaire tyrannie de ses prescriptions, si extraordinaire même qu'elle en est d'abord énigmatique.

ARTICLE PREMIER. — Nul ne pourra *travailler de Gamin* avant l'âge de quatorze ans. Il pourra, six mois avant cet âge, *cueillir* du verre, mais pour s'exercer seulement. IL DEVRA PAYER AU SYNDICAT, PRENANT PLACE DE GAMIN, LA SOMME DE DIX FRANCS.

ART. 2. — Au bout d'une année de travail de *Gamin*, il aura le droit de faire une *paraison* à chaque *braise*. IL PAIERA POUR AVOIR CE DROIT CINQ FRANCS.

ART. 3. — Après avoir fait des *paraisons* pendant six mois, aux *braises*, il aura le droit d'en faire en travaillant. IL PAIERA POUR AVOIR CE DROIT CINQ FRANCS.

ART. 4. — En prenant place de *Grand Garçon*, IL PAIERA DIX FRANCS .

ART. 5. — Au bout d'une année de travail de *Grand Garçon*, il aura le droit de faire une bouteille à chaque *braise*. IL PAIERA POUR AVOIR CE DROIT CINQ FRANCS.

ART. 6. — Après avoir fait des bouteilles pendant six mois, aux *braises*, il aura le droit d'en faire en travaillant. IL PAIERA POUR AVOIR CE DROIT DIX FRANCS.

ART. 7. — En prenant place de *Souffleur*, IL PAIERA VINGT FRANCS.

ART. 8. — Les *arrangeurs* de bouteilles PAIERONT POUR APPRENDRE DIX FRANCS. Pour prendre place, ILS PAIERONT VINGT FRANCS.

ART. 9. — L'argent perçu sera versé A LA CAISSE DU SYNDICAT.

ART. 10. — Tous les membres du Syndicat ayant connaissance du règlement sur les apprentis, celui qui le violerait serait, pour la première fois, RETARDÉ DE SIX MOIS DANS SON APPRENTISSAGE. A la deuxième fois IL SERAIT RETARDÉ D'UN AN. A la troisième fois, IL PERDRAIT TOTALEMENT SES DROITS.

ART. 11. — Dans l'intérêt de la corporation, tous les membres du Syndicat s'engagent A NE PAS FAIRE DES APPRENTIS NON SYNDIQUÉS. Ils s'engagent, en outre, à faire respecter le présent règlement dans sa teneur.

Le règlement sera mis en vigueur à partir de ce jour.

Vu et approuvé par l'Assemblée générale le 17 janvier 1892.

On a vu le sens des expressions « cueillir du verre » et « faire une paraison »; on sait aussi ce qu'est une « braise », et nous pouvons apprécier les prescriptions syndicales. L'interdiction d'être *gamin* avant quatorze ans peut se prendre pour une mesure d'hygiène et d'humanité. Mais pourquoi, ensuite, ligotter ainsi l'apprenti? Un enfant veut être verrier. Avant même d'avoir touché une canne, avant d'avoir gagné un sou, quand on n'a peut-être pas de pain chez lui, il doit passer d'abord à la caisse du Syndicat, et payer dix francs. Puis, pendant dix-huit mois, même s'il a commencé après quatorze ans, il doit s'arrêter dans son apprentissage. On lui défend, à lui, apprenti verrier, d'apprendre son métier de verrier. Et de même pour le « grand garçon »! Le syndicat l'empêche, pendant un an d'abord, ensuite pendant six mois, d'avancer dans son état. Et si le gamin, par hasard, a le malheur de s'essayer à une « paraison » avant un an, c'est-à-dire de faire tourner le feu au bout de la canne? Six mois de retard! Et s'il fait encore, un autre jour, tourner la canne une fois de trop? Un an! Qu'il s'oublie une troisième fois, et il ne pourra plus être verrier nulle part, puisque tous les verriers sont syndiqués, tenus de ne faire que des apprentis syndiqués, et de ne tolérer que des syndiqués. Trois tours de canne ou trois bouteilles de trop, et il faut changer de profession ou mourir de faim ! C'est excessif. Et pourquoi, d'autre part, frapper l'apprenti d'impositions aussi répétées et aussi fortes ? Payer cinq francs... payer dix francs... payer vingt francs... Ce mot de « payer » revient dans le règlement, comme celui de « mort » dans le code pénal militaire.

Le Syndicat, en réalité, dans cette espèce de carbonarisme professionnel, semble viser, non plus le « patron », mais le « verrier » lui-même, et il y a vraiment là quelque chose de singulier. Pourquoi tant de lisières, d'obstacles à l'apprentissage ? Pourquoi le verrier est-il si dur au verrier ? Feuilletons, en attendant que ce mystère s'éclaircisse, l'acte de la Fédération, et voyons comment elle fonctionne. « Il est formé, y est-il déclaré, entre toutes les chambres syndicales adhérentes aux présents statuts, une Fédération qui prend le nom de : *Fédération nationale des chambres syndicales des ouvriers verriers et tailleurs sur verres et cristaux de France*... La durée de cette Fédération est *illimitée*, et nul *ne pourra en demander la dissolution*; elle aura le droit de recruter des membres sur toute l'étendue du territoire français... » Et quel est le but précis de toute cette organisation ? « Le devoir des chambres syndicales fédérées sera de *faire aboutir à la victoire, PAR TOUS LES MOYENS A LEUR DISPOSITION, LEURS COLLÈGUES EN LUTTE CONTRE LE PATRONAT : pécuniairement, principalement, et moralement, pour tous les mouvements agressifs ou imprévus de la part des patrons.* » La Fédération des chambres syndicales, et les chambres syndicales elles-mêmes ne sont donc pas, et ne veulent pas rester de simples sociétés professionnelles, mais des associations politiques, des associations de combat, visant à la « victoire sur le patronat », à son abolition « par tous les moyens », et le moyen le plus employé est la grève. « Lorsqu'une chambre syndicale sera en grève, dit encore l'acte, elle devra, *dès le premier jour qui suivra au plus tard,* en avertir la Fédération, ainsi que toutes les chambres syndicales fédérées... En cas de grève, la caisse de résistance n'enverra ou ne donnera de secours que le quinzième jour de la grève. Toutefois, dans les cas de force majeure, que la Fédération appréciera, des secours provisoires seront immédiatement mis à la disposition des chambres syndicales pour venir en aide aux grévistes. En cas d'épuisement de la caisse de résistance, les chambres syndicales fédérées devront faire appel à leurs sociétaires afin de subvenir et parer aux besoins de leurs frères en grève, *soit en doublant ou triplant les cotisations mensuelles et décrétées par le Congrès.* Toute chambre syndicale fédérée *manquant à son devoir* sera considérée *comme traître à la cause,* et radiée d'office de la Fédération... *Les démissions et les exclusions des chambres syndicales ne peuvent mettre fin à la Fédération, laquelle continue de plein droit entre les chambres syndicales restantes.* »

N'est-ce pas tout à fait le langage, l'organisation et la violence de la guerre? On ne la fait pas sans argent, et les impositions, dès lors, vont encore sévir, ne pourront même pas ne pas sévir. On est en guerre, et la guerre le veut! Aussi, cotisations syndicales, cotisations fédérales, le verrier est mangé, rongé, dévoré de cotisations, comme certains peuples malheureux sont dévorés d'impôts. On paraît d'abord lui demander peu, cinquante centimes par mois comme syndiqué, et cinquante centimes comme fédéré. Mais les cotisations peuvent toujours être « augmentées ou diminuées », et le bilan des augmentations finit par devenir effrayant, car il s'agit de soutenir toutes les grèves, de toutes les corporations, dans tous les départements. On vise à la grève universelle, et le verrier, par conséquent, est forcément mis à contribution de tous les côtés, au nom des chapeliers, des mineurs, des mégissiers, des métallurgistes, des porcelainiers. En 1891, grève à Cognac, pendant dix mois, et taxe fédérale extraordinaire de 10 pour 100 sur tous les salaires, pendant dix mois ; en 1892, grève à Carmaux, pendant quatre-vingt-deux jours, et nouvelle taxe fédérale de 5 pour 100 sur tous les salaires, pendant quatre-vingt-deux jours ; en 1892 et 1893, grève à Saint-Juéry, pendant trois mois, et troisième taxe extraordinaire de 5 pour 100 pendant trois mois ; en 1893, grève à Graulhet, pendant deux mois, et quatrième taxe extraordinaire de 3 pour 100 pendant deux mois. Et, à Rive-de-Gier, même année, autre grève pendant deux mois, et cinquième taxe extraordinaire de 5 pour 100, pendant deux mois. Et, de 1893 à 1894, toujours à Rive-de-Gier, nouvelle grève de seize mois, et sixième taxe fédérale extraordinaire de 8 pour 100 pendant seize mois...

— Mais enfin, demandais-je à un verrier, que veulent donc, en réalité, les syndicats ? On comprend qu'ils s'entendent pour la défense des ouvriers, et se liguent pour faire la guerre aux patrons... Mais comment peut-on en venir à écraser ainsi les gens dans leur intérêt ?... Et que signifient aussi ces prescriptions du *Règlement des apprentis verriers*, dont le but a l'air d'être l'anéantissement même de la profession ?

— Eh bien ? me répondait alors le verrier, c'est justement cela !... *On veut se trouver le moins de verriers possible, afin de tenir ainsi plus facilement les patrons.*

— Mais c'est la ruine générale, la fin de l'industrie verrière, celle du métier de verrier, et du verrier même, par conséquent !

Et le verrier me répondait encore :

— Parfaitement !... Mais c'est ce qu'on cherche... La fin, la ruine, la fermeture de tout... la la grande grève... Ce serait évidemment la ruine et la mort de l'ouvrier, mais ce serait aussi celle des maîtres...

VI

L'élément « patronal » tel que le représentait M. Rességuier, et l'élément « syndical » tel que le représentait la Fédération ne pouvaient pas, on se l'explique maintenant, se convenir longtemps l'un à l'autre. Un directeur d'usine peut-il en rester directeur, avec un personnel déterminé à détruire son autorité ? Non, pensait M. Rességuier. Un patron, ses salaires fussent-ils le triple des salaires ordinaires, ne doit-il pas disparaître, uniquement parce qu'il est un patron ? Oui, pensait la Fédération. L'accord était difficile. Faut-il prendre, d'ailleurs, au pied de la lettre, l'explication du verrier sur le *Règlement des apprentis?* Il faut, dans tous les cas, en retenir l'esprit, et l'esprit en est certain, il ressort des documents mêmes. Pour la faute la plus légère, la plus machinale, la plus involontaire, expulsion du métier pour l'apprenti. Mais, en même temps, stipulent expressément les statuts syndicaux, le retard des cotisations « n'est pas une cause d'expulsion ou de radiation » pour le syndiqué et le fédéré. Tant que vous n'êtes pas verrier, tout vous empêche de le devenir, mais tout est mis en œuvre, si vous l'êtes, pour vous retenir dans la lutte. Et la lutte, la guerre, la révolte, sont bien la pensée fixe des syndicats. Ils vivent pour la guerre et la révolte, ils en viennent à les attendre avec une sorte de désespoir, comme lorsqu'on brûle tout pour ne pas se rendre. Ils se considèrent, vis-à-vis du « patron », comme Rostopchine vis-à-vis de Napoléon, et ne songent qu'à détruire, la destruction dût-elle être totale, engloutir le pauvre comme le riche, le maître comme l'employé. Ils sont engagés si à fond dans l'action qu'ils en poussent l'idée jusqu'à une sorte d'anéantissement général, d'incendie de Moscou social et économique. Organiser la guerre, faire des révoltés, tout est là! Et on écrase l'ouvrier lui-même pour les besoins du combat, car son exaspération, presque infailliblement, se tournera encore en révolte. C'est le nihilisme industriel, le suicide préféré à la soumission, et toute entente, toute collaboration quelconque, entre un patron, quel qu'il soit, et des ouvriers imbus de ces idées, sont évidemment impossibles. On peut fort bien comprendre qu'une classe mécontente cherche sa délivrance où elle la sent, mais on voit aussi le genre d' « associé » qu'avait trouvé M. Rességuier, avec qui, ou avec quoi, il essayait fâcheusement de fraterniser, et comment une guerre mémorable devait éclater entre eux. La révolte pour la révolte, et faire des révoltés pour en faire, retenons bien encore une fois cet esprit-là. Il nous donne la clé de bien des choses, et de ce que nous allons, notamment, voir à la Verrerie ouvrière.

VII

La Verrerie ouvrière est à l'entrée d'Albi, moitié dans le faubourg, moitié dans la campagne, sur la rive basse du Tarn, que dominent, de la rive haute, la ville en promontoire et la cathédrale. Entourée d'un terrain vaste, avec ses bâtiments de brique neuve, l'usine, entre le ciel et la plaine, a quelque chose d'aussi largement aéré et libre que la Verrerie Sainte-Clotilde, à Carmaux, apparaît d'abord resserrée et noire. Un espace de plusieurs hectares s'étend devant vous. A droite, une grande mare, et comme un morceau d'étang ; à gauche, une longue bâtisse en forme de galerie, couverte d'une série symétrique de toits vitrés ; au fond, à l'extrémité du terrain, le bâtiment des fours, avec une partie de sa toiture encore à l'état de carcasse, et, devant vous, au centre, la haute cheminée de brique, au milieu d'innombrables pyramides de bouteilles rangées partout en plein vent, à perte de vue, comme des régiments massés en colonnes et en carrés sur un champ de concentration. Telle est, à l'arrivée, la physionomie de la Verrerie ouvrière, réduite à ses lignes élémentaires. L'administration comprend un ouvrier-directeur, un comptable et six administrateurs-ouvriers. Le directeur est logé, et touche six francs par jour ; le comptable est traité de la même manière, et les administrateurs ne reçoivent même pas d'appointements. Une fois leurs fonctions administratives remplies, ils vont reprendre leur place au four, et soufflent, comme les camarades, les bouteilles au bout des cannes. Il y a là, dans l'institution, en quelque sorte spartiate, de ce directeur et de ces administrateurs sans dividendes quelque chose de simple et de rude, et cette rudesse n'est pas sans vous saisir, comme vous saisit aussi la claire silhouette de l'usine, entre la gaîté de la campagne et le petit mont pittoresque du vieil Albi couronné par sa basilique.

Quelle maison commerciale et industrielle allons-nous seulement trouver dans cette maison ouvrière, et quel refuge contre les duretés du patronat les verriers y trouvent-ils eux-mêmes? Les statuts par lesquels elle est constituée sont déposés chez Me Frézouls, notaire à Albi. « Il est formé, disent-ils, une *société anonyme* entre les souscripteurs des actions créées par les présentes, conformément à la loi du 24 juillet 1867, modifiée en 1893. » On pense, au premier abord, que les possesseurs de ces actions sont les ouvriers mêmes de la Verrerie, et l'on croit assez communément, dans le public, à une verrerie coopérative; mais il n'en est rien, et les statuts stipulent expressément, au contraire, que les actionnaires *ne sont pas les verriers*. Qui sont-ils donc, et comment la « Verrerie aux verriers » est-elle, en fait, *aux verriers?* Ici, les statuts recourent, en la modifiant, à la forme habituelle des sociétés anonymes, mais créent un genre d'actions combinées pour être nominatives, tout en ne pouvant être qu'à des groupes. « Les actions, est-il bien précisé, sont *nominatives*. Leur propriété s'établit par une inscription sur les registres de la Société; la transmission s'en opère par une déclaration de transfert et une acceptation, signées l'une et l'autre par le cédant et le cessionnaire. » Et plus loin : « Toute cession d'actions *devra être signifiée à la Société avec le nom du cessionnaire* et le prix de cession. *L'assemblée générale se prononcera sur le transfert de ces actions au prix désigné, soit par la société*, à la condition que l'acquisition ait lieu avec les réserves sociales, soit *pour le compte d'organisations ouvrières*, c'est-à-dire d'une société coopérative, *si le cédant est une société coopérative*, et d'un syndicat ouvrier, *si le cédant est un syndicat ouvrier*. » Enfin, plus loin encore : « Tout *délégué d'une société ou d'un syndicat*, qui sera élu administrateur, *devra faire transférer à son nom l'action nécessaire*, la société ou le syndicat *déléguant* se réservant un second privilège sur le titre cédé *ad hoc*. » En somme, il résulte de ces clauses qu'on ne peut être actionnaire qu'agréé par la société; que le titulaire d'une ou de plusieurs actions n'est jamais que le prête-nom d'une société coopérative ou d'un syndicat ouvrier; et que les seuls actionnaires, c'est-à-dire les seuls propriétaires, sont, non pas les verriers, mais des sociétés et des syndicats qui n'ont même pas besoin d'être des sociétés et des syndicats de

verriers. Les ouvriers de la verrerie, conséquem-
ment, n'ont aucune espèce de droit de propriété
sur leur usine. Elle est aux boulangers, aux cor-
donniers, aux chapeliers, aux mégissiers, aux
mineurs, aux tanneurs, aux polisseurs, mais n'est
pas à eux, verriers. N'ont-ils donc sur *leur* verrerie aucun droit d'aucune sorte? Si, ils en ont
un, mais illusoire. « La Société, disent les statuts, est administrée par un conseil composé de
neuf membres. *Six au moins devront être dési-
gnés par les ouvriers travaillant à la verrerie
ouvrière.* » La clause est certainement en faveur
des verriers, mais annulée, en fait, par celle-ci:
« Le conseil nomme tout directeur, gérant, éco-
nome, caissier et autres employés... En un mot,
*il nomme et révoque tous les employés quelcon-
ques et tous les membres du personnel sans exception.* » En d'autres termes, le conseil prend
ou renvoie, garde ou élimine, comme il l'entend,
le personnel même dont il est censé dépendre.
Il nomme lui-même ses propres électeurs! Les
révoqués, il est vrai, peuvent « en appeler à
l'Assemblée générale », mais leur appel « n'est
pas suspensif » et l'Assemblée générale, d'autre
part, étant celle des *actionnaires*, n'est pas celle
des ouvriers. Enfin, 40 pour 100 des dividendes
distribuables se trouvent affectés au personnel,
mais avec cette restriction : « Ils devront être

employés en *pensions de retraites ou secours extraordinaires* pour invalidité, chômages, etc. » Or, le conseil engage ou renvoie les ouvriers comme il l'entend, et les caisses de retraites ou de secours ne valent plus, dès lors, comme partout, que pour le personnel conservé par la direction. Le verrier, en résumé, est très maltraité dans ces statuts, et n'y trouve même pas la participation ordinairement attribuée, dans les sociétés analogues, aux participants dans son genre. Non seulement la loi n'est pas employée à son bénéfice, mais on en joue même à son détriment.

VIII

Était-ce bien là, cependant, la société convenue, l'association promise, et les verriers, dès le principe, avaient-ils aussi complètement sacrifié leur cause personnelle à celle d'une cause ouvrière générale ?... C'est au commencement de novembre 1895 qu'apparaît pour la première fois, chez les verriers, l'idée de fonder une verrerie sans patron. Le ministère Bourgeois les y encourageait, ils croyaient pouvoir compter sur lui, et nous lisons dans *le Temps*, à la date du 2 novembre : « Il faudra bien, nous dit un gréviste, qu'on nous procure les moyens *d'installer une verrerie à nous.* Nous avons de l'argent, nous pouvons continuer la lutte. » Et le reporter ajoute : « Dans quelques cafés, je trouve des grévistes qui s'expriment dans les mêmes termes. » Et *la Justice,* journal radical, annonce, en effet, huit jours plus tard : « Les ouvriers verriers et similaires sont décidés de fonder la *Verrerie aux verriers,* qui donnera du travail à tous ceux que M. Rességuier ne reprendra pas. » Et *la Petite République,* également radicale : « Ils décident, selon le conseil qui leur est donné par de nombreuses organisations, de fonder immédiatement une *Verrerie aux verriers.* » Et *la Dépêche,* pour ne citer toujours que les journaux radicaux, c'est-à-dire les journaux favorables aux grévistes : « Les organisations ouvrières, chambres syndicales, sociétés coopératives de consommation et de production et, en général, tous les groupes organisés, sont invités à se faire représenter par des délégués à la réunion qui aura lieu dimanche prochain 17 novembre, à deux heures de l'après-midi, rue de Flandre, 4, Paris, au café Béranger. Ordre du jour : Voies et moyens pour la création d'une USINE COOPÉRATIVE OUVRIÈRE, *la Verrerie aux verriers de Carmaux.* » Et M. Jaurès, le lendemain, dans la même *Dépêche :* Il « faut que les militants trouvent un abri et du travail dans une *Ver-*

rerie *aux verriers*. » Partout, dans toute la presse, il n'est plus ainsi question, pendant huit jours, que d'une *Verrerie aux verriers*, qui sera *la leur*, qui *leur* appartiendra, où ils seront *leur propre patron*, *leur propre propriétaire*. Les souscriptions abondent, mais pour la *Verrerie aux verriers*. Une dame charitable, Mme Dembourg, donne cent mille francs, mais pour la *Verrerie aux verriers*. « L'idéal, déclare *la Justice*, déjà citée, c'est que l'usine tout entière *appartienne aux coopérateurs !* » Et les verriers, tous les matins, revoient ainsi dans les journaux la même rubrique bien précise : *La Verrerie aux verriers*... Ainsi, c'était donc bien à la dernière heure, à la dernière minute, par la plus audacieuse et la plus suspecte des surprises, en vertu d'un brusque escamotage, que la « Verrerie aux verriers » s'était transformée en « Verrerie ouvrière », c'est-à dire en une société anonyme inattendue. La métamorphose avait été opérée sans bruit, par un certain « comité provisoire » dont les manifestations se trouvaient signées par un certain « Beausoleil », et ce n'était pas sans stupeur que les malheureux verriers, en arrivant sur *leur* terrain, pour construire *leur* verrerie, avaient lu ce règlement affiché dans *leurs* chantiers :

RÈGLEMENT INTÉRIEUR

Le Conseil d'administration de la Verrerie ouvrière rappelle à tout le personnel *employé* à la construction de l'usine que, pour assurer la réussite de l'Œuvre que le *Prolétariat édifie* pour les *victimes de Rességuier* il est urgent que toutes les bonnes volontés se manifestent dans l'exécution du travail… Il n'hésitera pas un seul instant à intervenir avec toute l'énergie nécessaire pour réprimer tous les abus qui porteraient atteinte et entraveraient le bon fonctionnement de l'Œuvre.

Article premier. — Tous les ouvriers *sont tenus de prendre leur travail et de ne le quitter qu'aux heures indiquées ;* ceux qui ne s'y conformeront pas se verront réduire leur journée d'une heure au moins.

Art. 2. — Tous les ouvriers doivent tenir compte des observations qui seront leur faites par les syndics et les membres du Conseil d'administration, *et exécuter les ordres qui leur seront donnés* par MM. les Conducteurs des travaux. Tout refus ou toute insulte de leur part les rendront passibles, pour la première fois, d'*une mise à pied* variant de un jour à huit jours et, en cas de récidive, du *renvoi*.

. . . .

Art. 4 — Tous ceux qui provoqueraient des querelles ou rixes sur le chantier seraient mis à pied de un à huit jours ; en cas de récidive, *renvoyés*.

. . . .

Art. 6. — Tout ouvrier qui, par *indiscipline, mauvaise volonté* ou *par toute autre manœuvre*, cherchera à entraver le bon fonctionnement de l'usine sera, une première fois, mis à pied de un à huit jours ; en cas de récidive, *renvoyé*.

Par le Conseil d'administration de la Verrerie ouvrière.

L'Administrateur délégué.

Lu et approuvé à l'Assemblée générale du 25 mai 1896.

Adopté à l'unanimité moins trois voix.

Là encore, et d'après le ton seul de ce règlement, on est bien en guerre, et on sacrifie tout à la guerre. C'est toujours la lutte, le combat, avec la « victoire » pour but. Ici, seulement, la « victoire » implique la réussite d'une industrie, et l'on en revient dès lors forcément à la réglementation patronale, et en l'aggravant même d'une rudesse menaçante, d'un caractère de loi martiale. Obligation d'obéir, d'être là à l'heure, de s'en aller à l'heure, d'exécuter les ordres, ou le renvoi! Indiscipline, mauvaise volonté, mauvais esprit? Le renvoi! Sauf M. Rességuier lui-même, on se retrouve sous le régime de M. Rességuier. Le patron n'existe plus en personne, mais toutes les servitudes de l'omnipotence patronale existent toujours, et l'un des administrateurs me l'avouait, sans chercher même à le cacher ou à l'atténuer.

— Quel avantage, lui demandai-je, représente aux verriers la verrerie ouvrière?

— Quel avantage matériel?

— Oui.

— Aucun.

— Aucun?... Comment, aucun?

— Aucun !

— Mais à qui est donc la verrerie?

— Au prolétariat français.

— Alors, sauf qu'ils ont affaire au prolétariat français, au lieu d'avoir affaire à M. Rességuier, vos verriers sont exactement dans la même situation?

— Exactement dans la même, sauf sur un point.

— Lequel?

— Ils n'avaient, à Carmaux, qu'une caisse de secours et ils ont ici une caisse de retraites.

— Sur les dividendes?

— Oui.

— Vous en faites?

— Pas encore.

— Et sauf cela, rien n'est changé?

— Rien.

— Ils avaient donc simplement, autrefois, un patron qui avait une figure, et ils ont simplement maintenant un patron qui n'en a plus?

— Parfaitement.

IX

Ainsi, et pratiquement, voilà le premier résultat bien visible de la guerre des deux verreries :

le verrier espérait la Verrerie aux verriers, mais ne trouve que la Verrerie ouvrière. Au nom même de la cause pour laquelle il combat, on lui ôte les bénéfices de la bataille, et la poursuite même de la victoire, inévitable but de toute guerre, le conduit, en fait, lui verrier, à une mystification. Il tombe dans le soudain coupe-gorge d'une monstrueuse et féroce escroquerie. Mais la victoire, au moins, est-elle assurée par son sacrifice ? Hélas ! non, et la Verrerie ouvrière, prise comme œuvre industrielle, comme verrerie normale, a quelque chose de presque déconcertant. Elle couvre un terrain de plusieurs hectares, y bâtit des fours, des ateliers, des bureaux, installe des machines, embauche trois cents ouvriers, et veut faire fonctionner tout cela avec un capital de *cinq cent mille francs*. Elle exploite une grande usine avec les fonds d'une boutique! Je demande à un administrateur s'ils n'ont pas un ingénieur attaché à l'établissement, et l'administrateur me répond que non, tout en reconnaissant la nécessité d'en avoir un. Et pourquoi ne l'ont-ils pas ? C'est que l'ingénieur « augmenterait de six mille francs les frais généraux » ! Pas d'ingénieur? Bien des fautes, dès lors, deviennent inévitables, et les fours, effectivement, sont construits sur un mauvais sol, où l'eau les envahit à certaines époques. Telle est la conduite technique de l'entreprise, et l'entente commerciale n'en est pas moins étrange. M. Rességuier, en fondant Carmaux, avait étudié le marché, observé les besoins de la clientèle. La région manquait de bouteilles, se fournissait à des verreries éloignées, et payait de gros prix, en raison des transports. M. Rességuier allume alors un premier four, puis un second, puis un troisième, puis d'autres, au fur et à mesure des demandes. Mais la Verrerie ouvrière n'a pas cette prudence. Elle achète son terrain, élève ses bâtiments, met ses fours en marche, allume une usine de plus, à l'instant même où la situation commerciale se trouve retournée, où non seulement les bouteilles ne manquent plus dans la contrée, mais où il y en a trop, où Carmaux ne vend plus la moitié de ce qu'il vendait primitivement! C'est dans ces conditions, en pleine surabondance, lorsque les vieilles verreries songent à se restreindre, que le prolétariat ouvre la sienne. Là aussi, l'homme de l'art manque, l'homme compétent et éclairé, la prévoyance fait défaut, et le nombre même des verriers embauchés est encore une faute de plus. Il est le double de ce qu'il faudrait, et chacun, en conséquence, ne peut plus gagner que la moitié de sa vie, en jalousant le camarade qui l'empêche de gagner l'autre. Le verrier d'Albi ne travaille que la demi-journée, et cette demi-journée ne lui est même pas payée tout entière. On la lui grève d'une retenue de « cinquante pour cent », pour payer les dettes de la maison. La maison n'est pas à lui, mais il doit quand même en payer les dettes ! Il ne coopère pas pour le gain, mais coopère pour la perte. Et lui remet-on au moins régulièrement son dû ? On le lui paye avec six semaines de retard... La guerre, toujours la guerre, avec ses dures nécessités, ses misères et sa famine !

X

Le malheur de la Verrerie ouvrière, et son malheur évident, est précisément d'être une verrerie de combat, c'est-à-dire une maison de commerce où l'esprit commercial ne domine pas. Dans quel état d'esprit les grévistes de Carmaux, poussés par les syndicats ouvriers, fondent-ils la Verrerie ouvrière ? Est-ce, en réalité, pour fonder une verrerie qui en soit bien une, avec chance de bien fonctionner, de bien produire, de bien vendre ? Pas du tout, et ces considérations, chez eux, sont toutes secondaires. Ils veulent, avant tout, détruire le « patronat », et ne pensent qu'ensuite, subsidiairement, à ouvrir une usine, en y cherchant un moyen de guerre comme un autre.

Ils ne mettent pas à exécution un projet pacifique et bien mûri, mais songent surtout à faire acte d'hostilité, à se manifester comme ennemis. Ils agissent en meneurs, non en industriels, et cela où des industriels étaient surtout nécessaires, là où il fallait se trouver beaucoup plus préparé à fabriquer les bouteilles qu'à les casser. De là, le manque de capitaux : on n'a pas le temps de les attendre, et il faut marcher coûte que coûte. De là, l'absence d'ingénieur : on n'a pas de quoi en avoir un, on s'en passera. De là, l'ouverture même d'une verrerie quand les autres verreries sont déjà trop en nombre : on ne fait pas œuvre de commerce, mais de lutte. De là, aussi, l'embauchement de trois cents ouvriers, lorsqu'une centaine suffisait. Encore une inconséquence, mais exigée par la « cause ». L'important n'était pas qu'on mangeât bien, mais que tout le monde mangeât, si peu que chacun eût à manger. C'est exactement le régime des sièges. A la guerre comme à la guerre! De là, enfin, ces statuts draconiens et tyranniques qui frustrent les verriers de tout ce qu'ils comptaient avoir, de leurs droits comme de leurs espérances, et ne leur donnent rien, là où on leur avait tout promis! Il ne s'agit plus de liberté, de dignité, d'émancipation, d'autonomie, mais de guerre et de salut public.

Quotidiennement, d'ailleurs, dans les journaux

socialistes, on retrouve un avis qui indique bien encore cet esprit de lutte et de bataille, là où n'eussent pas été inutiles un peu de sens commercial et de réflexion pacifique. « *Nos amis*, relit-on sans cesse dans ces journaux, *sont priés d'exiger, chez les débitants, des bouteilles à la marque de la Verrerie ouvrière.* » Ainsi, chaque ouvrier, quand il va chez le marchand de vins, doit vérifier, avant de boire, si la bouteille porte la marque albigeoise. Si on l'y voit, on peut boire. Si on ne l'y voit pas, on doit aller boire ailleurs. On ne doit même pas boire du tout, si on ne la rencontre nulle part ! On ne prend plus, de cette façon, une absinthe ou un « demi-setier » sans les prendre pour la « cause ». Autant de buveurs, autant de missionnaires ! Est-ce bien ingénieux ? Il faudrait, pour cela, supposer chez les travailleurs plus de prosélytisme que de soif. Or, la soif, chez beaucoup, n'est-elle pas supérieure, ou tout au moins égale au prosélytisme ? Mais admettons même les ouvriers altérés seulement de propagande, et les débitants n'en resteront pas moins une assez petite clientèle. Un marchand de vins, dans une grande ville, verse d'innombrables verres, mais toujours de la même bouteille, qu'il vide et remplit continuellement. La bouteille, d'autre part, est également d'un usage nul dans les ménages pauvres. Qu'on y tire au tonneau la boisson de la journée, ou qu'on l'achète chez le débitant, on a toujours aussi les mêmes litres, et le seul et sérieux consommateur de bouteilles, c'est le riche, le « bourgeois », l'aristocrate qui a « une cave », et surtout le marchand de grands vins, le grand liquoriste, le grand restaurateur. Quelle propagande la Verrerie ouvrière peut-elle bien exercer sur ceux-là, par les consommateurs que ses journaux appellent « nos amis » ? Mais l'esprit de combat, comme toujours, égare encore ici les verriers d'Albi, et leur fait chercher une clientèle de combat, dans un commerce où ne se trouvent que des clients qui ne demandent pas à combattre. On n'achète pas cinq millions de bouteilles par an par dévouement politique !

Deux fours, cependant, fonctionnent dans la Verrerie. Les gamins *cueillent* le verre, les grands garçons le *parent*, et les souffleurs le gonflent d'un vigoureux souffle. J'ai même vu un des chefs de la maison, un petit homme à grand nez, vif et gesticulant, *souffler* au milieu des autres, et *souffler* en maître-souffleur. Tout nu dans sa longue chemise, inondé de sueur, une petite calotte sur l'oreille, il faisait un furieux travail. Toutes les trente ou quarante secondes, une bouteille lui sortait de la bouche, et les autres, autour de lui, *paraient* et *soufflaient* aussi, comme dans l'entraînement d'un orchestre. C'était, paraît-il, un

« administrateur »... Mais la vie et le mouvement se localisaient là, et tout le reste, dans la verrerie, avait quelque chose de mort. On ne « jaugeait » pas, on ne « marquait » pas, on n' « emballait » pas, on ne « chargeait » pas. Tout ce monde de forgerons, de menuisiers, de vannières, qui, à Carmaux, forge, menuise et vanne, ne forgeait, ne menuisait, ni ne vannait nulle part. Les interminables pyramides de bouteilles, au milieu de ce silence et de ce chômage, s'étendaient dans le désert de l'interminable terrain, et le tapage des fours, dans cette ambiance d'atonie, semblait un cœur battant trop vite dans un corps paralysé. On sentait le manque d'ensemble, de circulation normale, de vie régulière et vraie, et, sur certaines figures, une inexprimable tristesse, une misère profonde et noire.

Comme tout le reste, hélas ! cette misère était fatale, et beaucoup de verriers, en réalité, en sont réduits à la mendicité. Les femmes, les filles, les sœurs, les mères, viennent attendre, avec les pauvres, les distributions de soupe, chez les Sœurs et devant la caserne. La verrière n'était pas habituée à travailler. Elle restait chez elle et soignait son ménage ; elle avait même, on l'a vu, « une tendance à la bourgeoisie ». Mais la verrière d'Albi n'est plus celle-là, et sait mal suppléer aux salaires tronqués que le prolétariat paye à ses salariés, quant il les leur paye. Alors, faute de gagner son pain, elle le demande, ou essaye de petits métiers, achète du papier à lettres, du fil, des aiguilles, et va les revendre en ville. Quelques autres mettent en loterie ce qu'elles croient avoir de précieux. L'une d'elles avait « une dentelle ». Elle avait « loté » sa dentelle...

XI

Retenez ces quelques coins des scènes, entrevus un matin, au bureau de bienfaisance, à la distribution des soupes. Desservi par les Sœurs de la Miséricorde, il donne sur deux petites rues, avec entrée publique sur l'une, et entrée réservée sur l'autre. J'étais là un peu avant l'heure, dans la petite cour de l'entrée réservée, et voici à quoi j'assistais : de minute en minute, on sonnait, la porte s'ouvrait, et une fillette entrait. Toutes ces fillettes étaient assez proprement mises, avec un panier au bras, mais sérieuses, l'air inquiet, un peu pâles. Elles traversaient vite la cour, disparaissaient dans la cuisine, puis reparaissaient, se dépêchaient encore, et sortaient.

J'interroge la sœur qui les accompagnait dans la cuisine, et leur y faisait remplir leur panier :

— Ce sont des filles de verriers ?

— Oui, me dit-elle en souriant, ce sont *les aristocrates*.

D'autres, en effet, celles qui n'étaient pas
des aristocrates, attendaient à l'entrée publique,
où toute une assistance loqueteuse grouillait dans
un piétinement silencieux, sous le plafond d'une
petite salle qui communiquait à la cuisine par un
guichet. Une face hâve, de temps à autre, se pré-
sentait au guichet, une main tendait un pot, la
sœur remplissait le pot, la main le reprenait, et
on me disait tout bas : « Une verrière ! » Puis,
au bout d'un moment, après un nouveau défilé,
une autre figure inquiète et grise apparaissait sous
un fichu, une main tendait encore un pot, et on
me disait encore : « Une verrière ! »

A un moment, je m'approche d'une vieille en
marmotte, qui pleurait en tendant son écuelle.

— Votre fils est verrier ?

— Oui, me répond-elle... Nous sommes sept à
manger à la maison.

— Et vous, dis-je à une autre qui avait un chapeau de paille par-dessus sa coiffe et portait des
lunettes, vous êtes verrière ?

Celle-là me regarde d'un air méfiant, m'observe,
et me lance d'une voix dure :

— Oui... Mes garçons sont partis pour Montluçon...

Les Sœurs ont installé un ouvroir ; je le visite

avant de repartir, et on m'y indique, parmi des jeunes filles qui travaillent là, une fillette d'une douzaine d'années. C'est, me dit-on, la fille d'un verrier. Sa tenue est irréprochable, son petit tablier très propre, et sa petite figure très sage, mais très pâle, et toute ridée de petites rides.

Je lui demande :

— Votre père est à la Verrerie ouvrière ?

Elle hésite, puis me dit en baissant la tête :

— Non, Monsieur, c'est mon frère.

— Et qu'est-ce qu'il est ?

— Grand garçon.

— Est-ce qu'il gagne bien sa vie ?

Elle hésite encore, tortille un instant ses mains, baisse encore la tête, sourit, et ne répond rien.

Le frère, en réalité, comme un grand garçon, devait gagner environ trente sous par jour. On lui retenait là-dessus « vingt pour cent », pour les dettes de la verrerie, on lui payait le reste avec six semaines de retard, et il devait, avec ce reste ainsi payé, loger, nourrir et vêtir trois personnes : sa mère, sa petite sœur, et lui.

Je demande alors à la religieuse :

— Envoient-ils chez vous prendre leur soupe?

Mais elle me répond :

— Jamais ! Ils ont une dignité extraordinaire...

Et tout, chez eux, est propre et tenu comme cette

petite. Ils sont tous seulement comme elle, aussi pâles et aussi défaits...

XII

En sortant de la Miséricorde, je vais chez quelques verriers. Logés de l'autre côté du Tarn, derrière les minoteries du bord de l'eau, ils occupent là, dans de vieilles maisons, des chambres délabrées, aux murs sans couleur précise, montrant de vieux plâtres sales, des papiers déchirés, et je remarque, dans toutes, au milieu de toute cette détresse, des lignes à pêche, entortillées autour de leurs perches, et posées dans les encoignures. Le Tarn est à côté, et le peu de poisson qu'on prend, c'est toujours autant à manger. La rivière n'est pas comme le boulanger, et n'exige pas qu'on la paie... J'entre chez un ménage, et le seul aspect de la chambre et de ses locataires serre le cœur. L'homme est à la fois terreux et comme transparent. Il est assis sur un escabeau, sa femme est derrière lui sur une chaise cassée, et les larmes, pendant qu'ils parlent, leur viennent constamment aux yeux. Je demande à l'homme combien il paye son logement, mais il est pris tout à coup d'un bégaiement, comme s'il oubliait ses mots, et sa femme me répond pour lui d'une voix aigre et exténuée, tout en maîtrisant un des enfants qu'elle empêche de crier entre ses genoux:

— Dix francs par mois, Monsieur!... Et à Carmaux, où l'ouvrier gagnait le double, et où l'on vous payait ce qu'on vous devait, on vous donnait cinq francs d'indemnité de logement par mois, et le charbon!... Ici, on ne vous donne rien!... Et il était interdit, à Carmaux, de faire plus de six cents bouteilles en sept heures et demie!... Ici, on a rétabli le surmenage!... Et le travail du dimanche, à Carmaux, on l'interdisait aussi... Ici, on l'a rétabli!... Et à Carmaux, on cassait les bouteilles de rebut, et la maison n'avait pas d'intérêt à vous les reprocher!... Ici, on ne les casse pas, on ne vous les paye pas, et la verrerie les vend tout de même!

— Mais est-ce qu'ils vous payent vraiment si mal?

— Ils payent ceux qu'ils veulent, Monsieur!... Et la mère d'un gamin le leur a bien dit : « Vous avez de l'argent pour les figures qui vous conviennent, mais vous n'en avez pas pour les autres...» Et c'est vrai!... *Il y a la bande!*... Et aussitôt que l'un est signalé pour avoir seulement dit un mot qui ne va pas, ou parce qu'on l'a seulement vu parler en ville à quelqu'un *qu'on ne doit pas voir*, ils lui hurlent tous après, et ils lui tombent tous dessus!

Dans une autre maison, le verrier n'y est pas, et sa mère nous reçoit, mon guide et moi. Mais celle-là parle peu, se lève, ouvre un tiroir, y prend un papier, et me dit simplement en me le montrant, le dents serrées, sans explications :

— Tenez, Monsieur, voilà le papier de sa quinzaine...

Tout compte fait, et les « vingt pour cent » retenus, le verrier a gagné une vingtaine de francs. Et la mère demande à mon guide, les dents toujours serrées, pendant que je regarde le compte :

— Eh bien, monsieur X..., vous savez ce qui s'est voté à la dernière réunion ?

— Non.

— Eh bien ! *on a voté qu'on ne devait pas vous parler...* Ah ! il y a des ouvriers qui sont bien à blâmer !... Et je leur dis bien toujours : « Vous ne devriez pas voter tout ce qu'on dit ! »... Mais c'est toujours la même chose... *Il y a la bande...* On leur dit : « Levez la main... », ils la lèvent tous, et c'est fait !

Quelques instants après, nous arrivons chez un autre, au milieu des champs, dans une chaumière. En entrant, j'aperçois, un grabat en face de la porte, des béquilles à côté, l'éternelle ligne enroulée à sa perche dans un coin, et, sur le grabat, tendant la main vers les béquilles, un malheureux qui se tordait dans ses loques, sur un vieil oreiller rouge. Il avait des yeux éclatants, une petite tête noirâtre et réduite comme la tête d'un incendié, et finissait par gémir, en se calmant d'abord un peu:

— Monsieur, je suis infirme... Il m'est tombé une fatigue dans les jambes... Et *ce sont eux*, Monsieur, *ce sont eux !...* J'avais eu une fluxion de poitrine, on m'avait défendu de travailler, je ne pouvais plus *souffler*, et ils m'avaient promis une petite place... Mais nous sommes trop, Monsieur, et il faut qu'il y en ait qui partent... J'étais de ceux dont on voulait se débarrasser, et on m'a donné alors *une place tournante*... Ah ! Monsieur, il fallait faire de tout, courir ici, courir là, *souffler*, et je ne pouvais pas *souffler !...* C'était là « leur petite place » !...C'était ce qu'il y avait de plus dur... Mais je n'étais pas *de la bande*, Monsieur, et on voulait me tuer, et on m'a tué, Monsieur, on m'a tué !... Je ne peux plus marcher... Et tenez, voilà ma jambe... la fatigue m'est tombée dedans... Et j'ai six enfants, Monsieur, six enfants, et mon pied est percé en seize endroits !... Et *ce sont eux !* répétait-il toujours en étranglant, *ce sont eux !... ce sont eux !* ... J'ai fait demander un secours, mais ils m'ont répondu qu'on n'avait pas à s'occuper de moi !... On me doit de l'arriéré pour mon fils, mais on ne le lui paye même pas !... Et je me mets là, tenez, quand je peux, sur ma porte, avec mes béquilles, pour me montrer *à eux* quand ils passent, mais ils ne font pas même semblant de me voir! Et nous sommes huit à la maison, Monsieur, et quand ma femme ne rapporte pas trente sous de ses tournées avec sa boîte, nous n'avons pas seulement de pain!

Et il sanglotait toujours :

— Et *ce sont eux !... ce sont eux !..., ce sont eux !...* Ce sont des malheureux, des misérables, des lâches, des assassins !... Je ne dis pas que ce sont des voleurs, je n'en ai pas le droit !...

XIII

Que pouvaient bien contenir d'exact ces cris de colère et de douleur? N'exprimaient-ils que la souffrance? Exprimaient-ils la vérité? Et qui le pauvre homme désignait-il par ces mots sans cesse répétés : *ce sont eux?...* Les administrateurs, évidemment, et les administrateurs, *eux*, quand on les interrogeait, montraient la plus belle confiance, annonçaient même la prochaine mise en marche d'un autre four, et semblaient pleins de satisfaction. La retenue des « vingt pour cent », qui devaient même devenir plus tard les « cinquante pour cent », l'irrégularité dans les paiements, la misère, la mendicité, étaient cependant certaines. Et c'était bien là encore la misère et les souffrances de la guerre, sa confusion et ses fatalités, comme on la retrouve aussi, avec toutes ses sauvageries, dans les listes de souscriptions du journal socialiste *la Petite République*, le principal moniteur de la campagne. On recueillait dans ce journal, au moment de la grève, les fonds destinés à soutenir la lutte, et on y lisait tous les jours, en regard des sommes recueillies, des mentions dans le goût de celle-ci :

Un groupe d'ouvriers de Blois, qui se demandent si, soigneusement tannée, la peau de Rességuier pourrait faire une paire de bottes... Un qui voudrait voir Rességuier dans un bateau à soupape... Quatre qui voudraient voir Rességuier coupé en deux... Trois qui voudraient tirer la corde pour le pendre par les jambes... Un groupe d'ouvriers chaudronniers qui voudraient pouvoir emboutir Rességuier, le peindre et l'emballer pour Charenton... Trois purées qui fourniront la corde... Pour polir Rességuier sur une meule d'émeri... Charlot, qui voudrait l'emboutir sans le recuire... Gustave, qui voudrait lui souder le goulot... Edmond, qui demande à le cintrer à chaud... Alexandre, qui veut le voir dans la résine... Quatre ferblantiers qui voudraient voir Rességuier sous la locomotive du train 56... Un socialiste qui veut la peau de Rességuier pour faire un tambour... Rogeasse, pas dégoûté, mangerait du Rességuier... Un groupe de citoyens de Maillant, pour faire aplatir Rességuier... Un ferblantier et son fils qui voudraient galvaniser les tripes à Rességuier... Un étameur socialiste qui

voudrait étamer les cervelles à Moffre et à Rességuier...
Jacobson et Pelletié, pour que Rességuier en crève...
A Rességuier, un feu de bois vert... Pour que Rességuier tombe dans ses fours... Tirelire n° 1123, déposée chez le citoyen Lavigne, marchand de vins, confiée au citoyen Chappaz, victime de trois émules des Rességuier : P..., inspecteur de la gare; B..., chef de gare, L..., chef de manutention, et qui voudrait les voir tous trois, soit sous les roues d'une locomotive, soit dans un four de Rességuier, ou les voir réformer par le nouveau ministère Bourgeois...

Et plus loin :

Je voudrais voir Rességuier pendu par les pieds... Un qui voudrait voir retourner Rességuier... Un porteur de grosses bottes qui voudrait les pattes de Rességuier prises dans les engrenages du treuil de la Convention... Un qui voudrait voir Rességuier pendu... Un ciseleur qui voudrait tenir le coquin de Rességuier pour lui ciseler la tête... Gentpris, ancien bouchon gras de la flotte, qui aurait voulu avoir Doux comme chauffeur et Rességuier comme charbon... Tirelire particulière. (Deuxième versement.) Union sociale de la maison Gaudron, bistro-restaurateur ; toute sa clientèle demande à voir la tête de Rességuier...

Et ce furieux tocsin de massacre retentissait dans un journal rédigé par des députés! Ils venaient à la Chambre, l'après-midi, quelques-uns avec des apparences d'honnêtes gens, et s'en revenaient, le soir, insérer dans leur feuille ces appels à la pendaison, à la cuisson dans la résine, à l'exécution d'un patron sous les roues d'une locomotive, à son engloutissement dans ses fours !

XIV

Au retour du quartier des verriers, je revoyais devant moi, en repassant le Tarn, posée sur la vieille ville comme sur un piédestal, la haute masse de la cathédrale. On n'oublie guère, quand on l'a visitée, l'admirable basilique, sa féerie d'arceaux peints, de fresques, de lumière, de dentelles, de statuettes, et tous ces enchantements me revenaient à l'esprit. J'en éprouvais comme un rassérénement, comme la sensation d'une rentrée dans le jour au sortir d'un tunnel, et je comparais en moi-même tout ce qu'il y avait là de génie, d'œuvre et d'éternité, à tout ce que je venais de voir de désolation et d'agitation négative. Car le grand vice de la Verrerie ouvrière est dans son caractère de négation et de révolte, dans le fond de nihilisme et de manie démolissante de ses meneurs et de ses lanceurs, qui ne peuvent jamais, quoi qu'ils fassent, que détruire ou troubler, et dont les seules facultés sont des facultés de dévastation. Pour beaucoup de verriers, et peut-être pour presque tous, il dut y avoir une heure de véritable espérance. Ce sol était leur sol, ce sable leur sable, et ces briques, ces pierres, ces fers,

ces bois, étaient leurs briques, leurs pierres, leurs
fers, leurs bois. Mais quelle chute! Après tout,
jusqu'alors, ils avaient mangé. Et maintenant?
Plus rien! La mendicité! La famine! La soupe de
la caserne et de la Miséricorde! Ils n'avaient pas
eu affaire à des libérateurs, mais à des faiseurs
de ruines, ne voulant et ne pouvant que ruines,
quitte à y écraser tout ce qui vit, dans leur guerre
à tout ce qui vit bien.

L'ÉCOLE DU TROCADÉRO

L'ÉCOLE DU TROCADÉRO

Novembre 1900.

I

Encore quelques heures, et l'Exposition universelle aura fermé. Est-ce la dernière? Aucune exposition, dans tous les cas, n'aura jamais porté, comme celle-là, le caractère d'une exception. On ne la voulait pas seulement universelle, mais unique, et son but officiel, hautement annoncé, était d'être un enseignement. Enseignement dans les arts, dans l'industrie, dans la pédagogie, dans l'ethnologie, dans la sociologie; enseignement agricole, scientifique, maritime, militaire, commercial, économique; enseignement dans toutes les branches de la civilisation et de la vie. Ce but, l'a-t-on bien toujours atteint? Nous a-t-on bien donné, sur tous les points, la leçon qu'on nous avait promise?... Nous allons l'y chercher en matière d'exotisme, car l'exotisme y fourmillait, y pullulait, et nous l'y retrouvions à chaque pas. Temples hindous, gourbis sauvages, pagodes, souks, ruelles algériennes, quartiers chinois, japonais, soudanais, sénégaliens, siamois, cambodgiens ; c'était un bazar de climats, d'architectures, d'odeurs, de couleurs, de cuisines et de musiques. Et tout cela voisinait, cohabitait, se serrait, se casait, comme un Lapon et un Marocain, un Malgache et un Péruvien coucheraient dans le même sleeping-car. Un Turc aimable, tenant tout à la fois du contrôleur et du janissaire, vous engageait à franchir un rideau derrière lequel un aigre nasillement se mêlait à des trémoussements saccadés. C'était un concert africain. Vous étiez à Tunis ou à Biskra. Vous ressortiez, et la foule, vingt pas plus haut, vous entraînait dans une salle où toute une ménagerie de bêtes empaillées vous regardaient avec leurs yeux de verre : vous étiez au Canada, et ce n'était plus que bisons, élans, phoques, martres, renards gris ou bleus. Vous ressortiez encore, vous montiez un sentier, et ce pavillon ajouré, multicolore, que vous aperceviez tout à coup, était un restaurant chinois. On vous y offrait des « nids d'hirondelle », des « ailerons de requins », et des « beignets de pigeons ». Quant aux « Rues du Caire, » aux « Cafés maures, aux « Abraham » et aux « Mahomed » installés dans leurs échoppes, au milieu de leurs étoffes, de leurs poteries, de leurs pâtes, de leurs parfums, ils ne se comptaient plus. C'était l'univers dans un jardin ! Un territoire grand comme la moitié de l'Europe se condensait en cinq cents mètres carrés, un désert se résumait en une paillote, une mer en un bassin. Le nord touchait au sud et le pôle à l'équateur. Le même courant d'air vous apportait l'odeur des joncs de l'Océanie et des fourrures du Kamchatka. Vous faisiez là, montre en main, le tour du monde en trois heures. Et les « stéréoramas », les « cinéoramas », les « maréoramas » vous donnaient à la fois, dans ces trois heures, l'illusion du bateau, du ballon et du wagon-bar.

Existence suggestive, assurément, toute en surprises et en changements d'horizon ! Quelle en était seulement la valeur positive exacte, et quel enseignement y recueillait-on, puisqu'on donnait un enseignement, et un enseignement d'État ? Avais-je, sérieusement, quelque chose de la vraie Chine dans la Chine du Trocadéro, et le Congo aperçu au son d'un carillon russe, entre un charivari arabe et une musique de tziganes, était-il bien vraiment le Congo ?

L'école va fermer. Que nous y a-t-on appris ?..

II

Les Indes Néerlandaises, dans la grande avenue centrale, vous arrêtent particulièrement.

Elles étonnent par leur fouillis hiératique, leur luxuriance de dieux et de monstres, et nous sommes là à Java, au pied d'un temple gardé par toute une garde d'idoles assises, un doigt levé, la lèvre énigmatique. Pourquoi, toutefois, faut-il que ces idoles sentent aussi fraîchement l'atelier, et que l'Administration ait dû leur mettre une plaque au flanc, avec ces mots inscrits autour : *avertisseur d'incendie ?* Il serait puéril, on le pense bien, de reprocher aux plaques d'incendies d'altérer le caractère orthodoxe des vieilles divinités indoues. Mais cet *avertisseur* n'en décore pas moins bizarrement les idoles du vieux Java, et ne s'en mêle pas moins, si peu que ce soit, à nos impressions javanaises. Ce n'est qu'une note imperceptible, mais c'est déjà pourtant une note.

Entrons, et regardons, en entrant, sur le mur d'exhaussement d'une première terrasse, un bas-relief où l'on retrouve la vie de Bouddha... Ce bas-relief a-t-il bien réellement existé comme il est là ? Ce n'est qu'une question qu'on se pose, mais on ne peut pas ne pas se la poser... Passons, traversons la première terrasse, franchissons la seconde, montons un dernier escalier... Nous voici dans le temple même, c'est-à-dire dans une petite salle de pierre blanche, et vraiment beaucoup trop blanche. C'est, paraît-il, le temple de Djandi-

Sari, et tous les moulages, me dit-on, ont été pris à Java. On est même allé, pour nous mieux montrer le vieux monument, jusqu'à le rétablir, non pas comme il est, mais comme il devrait être, car les Chinois, malheureusement, l'ont détruit depuis fort longtemps. On a donc reconstitué les soubassements disparus, recherché les détails d'ornementation dans des fouilles savantes, et composé ainsi un Djandi-Sari parfait, irréprochable, un Djandi-Sari auquel pas une ligne ne manque, plus complet qu'il ne l'a jamais été, un Djandi-Sari tout neuf ! Tout cela est fort consciencieux, et témoigne d'un ardent zèle industriel pour l'antiquité javanaise. Mais quel Java, en fin de compte, arrive-t-on ainsi à nous reconstituer? Le Java actuel ? Non, puisqu'il est en ruines. Le Java antique ? Nous en doutons, et il ne me semble pas le sentir dans cet édifice tout blanc, tout frais, tout neuf, sur lequel veillent les pompiers. On y prend instinctivement garde aux plâtres. On pourrait presque s'y croire dans la salle d'un nouveau four crématoire à la veille d'être inauguré...

Est-ce bien là vraiment le vieux Java ?

III

Le pavillon des Indes Anglaises ressemble assez exactement à une sorte de *Louvre* ou de *Bon Marché* de Tyr ou de Bagdad. Je regarde ce décor de tapis, de balles de coton, de vaisselles, de sacs de riz, d'étoffes, de boîtes de conserves, et j'y entends un piano qui joue une gigue. J'approche et je vois le piano tout fouillé de sculptures où fourmillent les mille petits personnages de légendes et de mystères indous... L'impression, ici, est évocatrice, et j'ai bien, à cette ritournelle, la vision de l'Anglais chez les Brahmes. C'est un « raccourci ». Mais, justement, ce n'est qu'un raccourci. N'ai-je pas là une vision toute littéraire, et toutes les Indes tiennent-elles, d'ailleurs, dans l'opulence bariolée de ce bazar pléthorique ? La notion d'une Inde pareille, d'une Inde-magasin, si magnifique et si partiellement vraie qu'elle soit, n'est vraie que partiellement, trop partiellement pour ne pas être fausse, et toutes ces salles regorgeantes, toutes ces forêts de tentures, de marchandises, de produits, ne me disent qu'une Inde incomplète et tronquée, celle des comptoirs. Et l'autre ? Celle de la famine ? Car ce pays d'énorme et somptueux commerce est également celui d'une effrayante dégénérescence locale, d'une misère indigène affreuse. Toute une race fantôme y meurt et y gémit dans la faim. L'Inde n'est pas seulement un dock, c'est un cimetière. L'Anglais prospère s'y rencontre avec l'Indien décharné. Un champ de mort s'étend derrière la boutique. Où nous fournissez-vous l'équivalent de ce contraste? Où est le conquis tombé à l'état de squelette, en face du conquérant bien en point? Où est le spectre de la mère assoupie dans le coma de l'inanition, avec son enfant mort au sein, en face de la fraîche *lady* ou du *sir* en belle santé qui se balance dans son rocking-chair, pendant qu'on lui joue la gigue? On cherche l'humanité indienne dans les Indes du Trocadéro, mais on ne l'y trouve pas, et nous n'y voyons, comme indigènes, que cinq ou six gardiens très laids, très jaunes, et coiffés avec des peignes, mais habillés de costumes éblouissants, ceints de baudriers d'or, et si parfaitement bien portants qu'ils nous représentent encore, quoique indiens, l'unique et prospère Angleterre. Ils ont au moins reçu, sans aucun doute, la naturalisation de la nourriture.

Et la « faune »? On nous la montre peut-être aussi avec quelque fantaisie... Sous un globe de pendule grand comme un appartement, voici, dans des poses jouant la nature, et réunis en famille, tout ce que le climat a de carnassiers, de fauves,

de pachydermes, de reptiles et de bêtes de basse-
cour. Un éléphant, la trompe haute, débouche
d'un fourré de grands joncs, et barrit un discours à des poules qui picorent entre ses pieds.
Un sanglier, près d'eux, broute auprès d'un serpent qui se dresse, un singe gambade sur leurs
têtes, et un couple de jaguars, dans le voisinage,
nourrit patriarcalement ses petits, pendant qu'un
ibis rose, évidemment surpris, regarde tout cela
sur un pied. Rien ne peut rendre l'effet de cette
extraordinaire pantomime, jouée par toutes ces
bêtes empaillées, et vous avez au moins le plaisir
de vous figurer relire les fables de La Fontaine...
Mais l' « enseignement » ? L'enseignement qu'on
nous annonçait ?... Là encore, toute chicane serait
enfantine. On ne veut rien nous montrer de sérieux,
et nous n'avons rien à demander de sérieux. Mais
n'est-ce pas justement le vice de tous ces exotismes d'exposition ? Ils se donnent pour sérieux en
ne l'étant pas, et quand ils ne peuvent pas l'être.
Qu'une image à deux sous me représente des enfan-
tillages, et je ne lui attribue que l'importance attri-
buable à une image de deux sous. Mais qu'une
Exposition universelle, avec son caractère officiel,
national, avec son caractère de leçon, ne soit,
comme leçon, qu'une image à deux sous coûtant
des millions, c'est ici que le bon sens réclame et
que la critique peut s'élever !

IV

... Vous voulez faire un déjeuner chinois, et vous entrez, pour cela, au restaurant chinois... Qu'allez-vous donc manger?... Le menu est sur deux colonnes, chinois sur l'une, parisien sur l'autre, et la colonne chinoise énumère de nombreux mets. Vous hésitez, mais le maître d'hôtel, — d'une irréprochable correction parisienne, — est là pour vous conseiller.

— Le menu, lui demandez-vous, porte que certains plats chinois doivent être commandés vingt-quatre heures d'avance... Est-ce absolument rigoureux?

— Absolument, vous répond le maître d'hôtel. Et ce n'est même pas, en réalité, vingt-quatre heures, mais quarante-huit heures d'avance, que les commandes doivent être faites.

— Alors, pour les « nids d'hirondelles »?

— Oh! c'est particulièrement compliqué.

— Mais qu'est-ce que c'est donc?

— Mais des nids d'hirondelles!

— De vrais nids d'hirondelles?

— De vrais nids d'hirondelles!... Et c'est précisément ce qui nécessite une préparation si soignée... Pour arriver à bien les épurer, à bien les nettoyer, c'est très long.

— Et les « ailerons de requins » ?

— Très long aussi... C'est tellement dur...

Et vous indiquez d'autres plats, mais ils exigent tous un stage. Ils sont mystérieux, inquiétants, et le maître d'hôtel, tout en époussetant la table avec de petits coups de serviette, conclut pour vous édifier :

— Toutes les cuisines chinoises, en général, sont à base d'œufs de cane pourris, et les œufs doivent pourrir longtemps...

Que décider ? Vous rabattre sur les articles qui n'offrent ni la complication des « nids d'hirondelles », ni la dureté des « ailerons de requins », ni le faisandage des « œufs de cane pourris », et vous contenter de plats qui ne soient pas des plats de longue haleine ?... Vous y songez... Mais les « œufs de cane pourris » vous obsèdent, il vous semble que toute la cuisine céleste doit les sentir, et vous finissez par commander, comme déjeuner chinois, une côtelette ou un beefsteak. On vous les sert immédiatement, vous ne voyez même aux tables voisines que des déjeuners chinois dans le goût du vôtre, et vous comprenez alors toute la surprise que vous n'eussiez pas manqué de provoquer en persistant, dans ce restaurant chinois, à vouloir faire un repas chinois.

Pourquoi, d'ailleurs, dans tout ce coin de

Chine, tant d'autres choses sont-elles aussi méticuleusement françaises ? Comment, ainsi que l'Allemagne, l'Italie, la Norvège, et d'autres pays, la Chine n'a-t-elle pas expédié de chez elle ses ouvriers et ses matériaux ? C'est une question... Mais rien, en fait, n'est chinois comme travail, dans la Chine du Trocadéro. Les matériaux ? Parisiens. Les ouvriers ? Parisiens. L'architecte ? Parisien. Il n'y a pas là une planche, une moulure, un ornement, un coup de pinceau ou de ciseau, qui ne soient pas uniquement, exclusivement, consciencieusement parisiens, et vous déjeunez, dès lors, pour déjeuner à la chinoise, avec une côtelette de Paris, servie par des garçons de Paris, dans un local construit et décoré avec des matériaux de Paris, par des constructions et des décorateurs de Paris ! Si vous ne vous sentez pas, avec tout cela, vraiment transporté dans la vraie Chine, c'est que vous n'avez pas d'imagination !

Rien n'est-il donc chinois dans cette Chine d'exposition ? Si, et la vraie Chine s'y retrouve dans les bibelots, pièces d'art et marchandises de toute sorte : bronzes, laques, tables, cabinets, sièges, poteries, poupées, petites maisons, petites scènes, petits bateaux, petits joujoux. Beaucoup de ces poupées et de ces joujoux sont même singulièrement évocateurs, et toute l'habitation, toute la vie chinoises semblent vous apparaître dans ces maisonnettes d'un pied de haut, où des personnages de six pouces se livrent, comme au naturel, à tous les actes de l'existence bourgeoise, populaire, domestique, commerciale, administrative. Voici des marchands qui vendent, des barbiers qui font la barbe, des pêcheurs qui rassemblent leurs cormorans de pêche sur les rebords de leur bateau, et des « fonctionnaires » — du bureau des supplices — qui bâtonnent magistralement, avec des rotins grands comme des allumettes, de pauvres petits suppliciés tout nus, agenouillés dans leurs liens, la figure sanglante et gonflée. Et toutes ces petites scènes de la vie marchande, rustique, ouvrière, pénitentiaire, se multiplient par centaines et par milliers. Ce ne sont plus seulement des poupées, mais tout un peuple de poupées, toute une nature en bimbeloterie ! C'est curieux, fin, joli, subtil, minusculement vivant et humain ! N'est-ce pas, toutefois, ici encore, comme à l'audition de la gigue jouée sur le piano indien, une vision d'artiste, une impression de littérateur ? Or, faites pour les foules, avec l'argent des foules, les expositions ne s'adressent-elles pas à elles ? Est-ce bien là l'enseignement des foules ?

V

Voulez-vous vous rendre un compte précis de ce qu'est vraiment un pays exotique, puis de l'idée qu'on peut en prendre aux vitrines et aux tableaux vivants du Trocadéro ? Entrez au village dahoméen, feuilletez-y les photographies du Dahomey, puis regardez le village lui-même, ses restitutions et ses exhibitions. Vous percevez très nettement, dans les simples vues du pays, une certaine vie primitive et un certain cadre sauvage. Le ton manque, et la perception est incomplète, mais les silhouettes, les reliefs, les grands linéaments se fixent néanmoins dans l'œil. Maintenant, examinez les objets exposés, armes, fétiches, meubles, engins, instruments, ustensiles, et vous ne retrouvez plus aucun rapport entre les ensembles donnés par les photographies et le détail figuré par les objets. Les premiers et les seconds devraient cependant correspondre, s'expliquer, se compléter, concorder, mais ils ne concordent pas. Les photographies vous représentent une contrée, des sites, des mœurs, des figures, des horizons, quelque chose de vivant, qui existe, qui respire. Les objets ne sont que des fragments, des débris, on ne sait quoi d'incompris, d'informe, d'incohérent, qui ne signifie rien et ne se rattache à rien. On ne peut même pas dire que l'idée propagée est fausse. Elle est nulle, elle n'est pas. Vous voyez devant vous des morceaux bizarres, imitant vaguement des têtes d'oiseaux, de lions, de bêtes, de monstres, et on vous montre même une façon de grossier guéridon, tout hérissé de flèches et de coutelas, qui simule une «table des sacrifices». Mais tout cela est tellement dépourvu d'âme, et de toute âme quelconque, que ce n'est rien. Le sauvage se confond souvent avec le puéril, et tous ces engins de bois ou de cuivre, mal dégrossis, sans figure, finissent par friser la mystification. Ils viennent du Dahomey, mais pourraient aussi bien venir de n'importe où, et nous touchons ici à un autre vice des exhibitions d'exotisme, c'est que toutes ces choses exotiques ne peuvent, visiblement, avoir leur vrai caractère, sinon même un caractère, que dans leur milieu, sous le soleil qui doit les éclairer, dans l'air où elles devraient baigner. Il en est des fétiches, des armes, des dieux, des objets qu'on nous montre là, et même des constructions et des paillotes, d'un torchis trop rose et trop neuf, comme de certaines paroles d'opéra. Elles peuvent servir de prétexte à de puissants effets musicaux, mais ne sont plus que des niaiseries sans la musique.

Or, la musique, ici, c'est le pays même, et nous n'avons que le livret. Un effort, sans aucun doute, et un effort consciencieux, intelligent, a été fait par l'exposant. Il a même probablement réalisé tout ce qu'on pouvait réaliser, mais n'a pas pu *exposer l'atmosphère*, et c'était l'atmosphère qu'il fallait surtout exposer.

La population indigène ne manque pas au « village », mais nous ne l'y rencontrons que dans la personne de superbes factionnaires nègres, dont la consigne, imperturbablement exécutée, est d'empêcher les visiteurs de fumer. Dès qu'ils aperçoivent un fumeur, ils fondent sur lui, lui secouent le bras, et lui font signe de jeter sa cigarette. Le fumeur quelquefois se rebiffe, refuse d'obtempérer, essaye de s'échapper, et regarde de travers ce grand noir qui le rudoie, mais le grand noir le rattrape par le collet, lui prend sa cigarette dans la bouche, la jette par terre, et l'éteint sous son pied... Est-ce bien cependant cette scène-là qui nous initiera sérieusement à l'humanité dahoméenne ?... Ou bien l'apprendrons-nous encore auprès des trois négresses parquées là-bas entre leurs barrières, assises sur leur pirogue renversée, et qui provoquent les exclamations des badauds ? Elles crient à ceux qui les agacent : « Toi, méchant ! » Et ce « toi, méchant » est peut-être bien d'un nègre un peu trop convenu. Toutes les négresses ne sont pas du Dahomey, et celles de la pirogue ont une manière de s'effaroucher qui rappelle les « scènes dans la salle... ».

VI

Si l'Andalousie au temps des Maures est de l'exotisme, le personnage sous la figure duquel elle nous apparaît d'abord a déjà de quoi nous étonner. Il est en pantalon gris perle, en gilet blanc, avec un chapeau de l'époque de Bolivar et un habit noir de celle de Robert Macaire. Le visage fortement boucané vous rappelle seul, sous ce costume, le croisement Maure-Andalou... Mais entrons. L'homme nous y invite d'un geste large, nous le suivons dans une suite de cours où s'alignent des boutiques façon mauresque, puis nous parvenons à des arènes... Là, nous assistons à des spectacles de cirque, mais où les chameaux remplacent les chevaux, et où la troupe figure l'Andalousie populaire, guerrière, paysanne, héroïque ou burlesque. Exercices de chameaux, cavalcades de chameaux, chameaux dressés en liberté, chameaux qui s'agenouillent, qui saluent, chameaux qui valsent ! C'est le Franconi des chameaux ! Et des garçons de cafés colportent des rafraîchissements. Ils crient,

leurs plateaux en l'air : « Orgeat, limonade, bière !.. »
Des tapis à vendre pendent aux murailles, avec les
prix marqués dessus. La clientèle va et vient dans
les restaurants des loggias. Tout le long d'un large
promenoir, le public, en gaîté, regarde, pour deux
sous, des scènes licencieuses dans des stéréosco-
pes. Les chameaux, pendant ce temps-là, caval-
cadent et saluent toujours, trimballent et secouent
la troupe maure sur leurs bosses, et l'homme au
pantalon gris-perle, à la fin de la représentation,
apparaît, lui aussi, au milieu des chameaux, mais
à cheval. Il s'incline sur son gilet blanc, dans son
habit du temps de Robert Macaire, et salue théâ-
tralement, son bolivar à la main.

Peut-être, après ce spectacle, nous reste-t-il
encore quelque chose à apprendre sur les Maures
d'Andalousie... Mais vous sortez, et vous voici,
au bas d'un escalier, dans une petite cour d'un
cachet délicieusement archaïque, car toutes ces
exhibitions, où perce malgré tout une recherche
d'art, sont pleines de choses curieuses et de jolies
choses, et vous trouvez, ici, un coin de vieille
construction, légère et compliquée, toute rongée
du temps, toute brûlée des étés. Des ogives, des
colonnettes. Un reste d'armoiries s'effrite dans le
mur roussi. Un vieux puits, la margelle à moitié
démolie, s'ouvre rustiquement devant la porte.
Nous sommes là, évidemment, dans la plus légen-

daire Espagne, et voilà bien, cettefois, de la bonne reconstitution, de la plus fidèle et de la plus délicate. Je sens, dans ces vieux murs, dans ce puits brisé, dans ces colonnettes qui se descellent, dans ce blason qui s'efface, cinq siècles de mystère et de soleil... Alors, je regarde, j'observe de plus près, et je remarque, au-dessus de la porte, dans la patine de la pierre, comme la trace de lettres gothiques...

J'approche, et qu'est-ce que je déchiffre? Simplement : *Chocolat Menier...*

VII

C'est principalement dans les théâtres que se trahit l'étrange exotisme auquel nous initient les leçons du Trocadéro... J'assiste à la représentation du Théâtre Indo-Chinois, installé avec beaucoup de soin, de luxe, et non sans goût. Sur la scène, comme toile de fond, un grand paysage de paravent, où d'extraordinaires personnages fuient dans une nature chimérique. Sur les côtés, là où se rangeaient autrefois les seigneurs dans notre vieux théâtre, seize musiciens annamites, assis par terre jambes croisées, et jouant, entre leurs genoux, d'aigres et bizarres instruments. On représente *la Bague enchantée*, et le programme nous fournit l'argument suivant : « La littérature cambodgienne abonde en légendes, en contes bleus, roses et mauves. C'est dans une de ces légendes, la légende de *Vorvong et Sauvirong*, que se trouve l'épisode de *la Bague enchantée*. Un jeune homme vertueux, du nom de Vorvong, est perdu dans un bois solitaire. Un bon ermite, touché de son sort, lui donne une bague merveilleuse qui doit le préserver des maléfices. Vorvong échappe, grâce à la vertu du talisman, au bâton d'une méchante et perfide vieille qui, pour se venger, va le dénoncer à la reine comme voleur. Il ne doit son salut qu'à l'amour de la douce princesse Kessey qui intercède pour lui auprès de la reine. Il obtient, fort du prestige que lui donne son mystérieux talisman, la main de la douce Kessey, et ces heureuses fiançailles sont l'occasion de grandes réjouissances dans toute la cour... » Sous leurs costumes tout claquants d'or, et couronnés du *mas*, sorte de diadème en forme de tour, les danseuses s'agitent et se dandinent. La lumière électrique inonde le ballet, les dorures, les laques, le décor, les vagues visages de cire des musiciens accroupis, et une légère musique, grêle, acidulée, résonne, monte, s'enroule à la pantomime, l'enrubanne comme d'une vignette Joli, un peu enfantin, tout cet ensemble est agréable. Mais quelle étoile cambodgienne vois-je danser devant moi, dans ce spectacle indo-chinois?... Mlle Cléo de Mérode!... Oui, Mlle Cléo de Mérode elle-même, avec ses bandeaux!... Et la visite que je vais faire aux coulisses me fixe sur le vrai et le faux de toute cette Indo-Chine de parade.

L'orchestre est bien annamite, et vous ne pouvez vous y tromper, ni aux physionomies des musiciens, ni surtout à celle de leur chef. En longue souquenille noire, et d'une étonnante minceur, d'une minceur d'archet vivant, avec une figure de vieil ivoire becqueté, il parle cependant français, et me renseigne sur ses artistes, tous en souquenille noire comme lui. Ils sont huit joueurs de *tranh*, ou de guitare à seize cordes, un joueur de *kim*, ou de guitare à quatre cordes, un joueur de *co*, ou de violon à deux cordes, deux joueurs de *doc*, ou de violon à une corde, un joueur de *tiou*, ou de flûte, un joueur de *ty*, ou de guitare à l'ongle, un joueur de *liou*, ou de violon à grand archet, un joueur de *tam*, ou de mandoline qu'on pince d'un bout de corne... Le chef, avec beaucoup de complaisance, m'explique tous ces instruments, et, de ses longs doigts pointus, m'écrit leurs noms sur la feuille d'un carnet. Je suis donc bien vraiment ici en Indo-Chine, mais pour quelques secondes seulement, et une question, tout de suite, me rejette dans un Annam et un Cam-

bodge tout de convention. Les musiciens eux-
mêmes, tout annamites qu'ils soient, ne jouent
jamais chez eux, dans les conditions où ils jouent
là. Il existe bien, d'autre part, un théâtre cambodgien, ou l'équivalent d'un théâtre cambodgien,
mais qui ne ressemble en rien à celui qui est là.
La Bague enchantée, en outre, comme le programme même l'annonce, est tirée de légendes
cambodgiennes, mais n'est pas elle-même un spectacle cambodgien, et les Cambodgiens, au Cambodge, n'ont jamais donné, ni vu, aucun spectacle analogue. Mlle Cléo de Mérode, enfin, est-elle
bien, parmi les danseuses, la seule Indo-Chinoise
de son espèce? Non, et tout le corps de ballet est
aussi indo-chinois qu'elle. Il vient peut-être de
Milan, mais il n'arrive pas de plus loin.

VIII

Passons maintenant au Théâtre Égyptien, monté
par un commissaire et des collaborateurs aussi
informés des choses de Paris que de celles mêmes
de leur pays, et nous y serons encore beaucoup
moins en Égypte que nous n'étions au Cambodge
au Théâtre cambodgien, malgré toutes les bonnes
intentions et l'érudition égyptienne probable, certaine même, de l'*impresario* et des auteurs...

Je vois une vaste salle, riche, confortable, avec des fauteuils d'orchestre, un parterre, des loges, des fauteuils de balcon. Or, il n'a jamais existé, en Égypte, aucune sorte de théâtre égyptien. Alors, si le théâtre égyptien n'a jamais existé, pourquoi un théâtre égyptien ? Est-ce au moins pour me représenter l'Égypte ? Pas même, car je lis sur le programme : « Une fête à la cour *persane* de l'ancien temps. Chants, musique, danses de pages, de négresses, de ghaouazi, de courtisanes, d'odalisques... » Et tout cela se réalise. C'est très vivant, très sauvage, très coloré. Mais pourquoi suis-je donc en Perse ? Et par quelle ironie, ensuite, pour achever de me renseigner sur l'Égypte, le guerrier qui vient troubler les Persans dans leur orgie est-il Antar, le héros arabe ? Et pourquoi encore, après tout cela, nous donne-t-on *Une nuit à Bagdad ?*... Récapitulons, et, si beau que soit le spectacle, si somptueux que soient les costumes, si capiteuses que vous supposiez les danses, si captivantes que vous puissiez imaginer les pièces, nous n'en constatons pas moins, comme enseignement égyptien, un théâtre égyptien quand il n'y a pas de théâtre égyptien, et des pièces persanes, turques, arabes, pour nous renseigner sur l'Égypte... Digne électeur français avide de t'instruire, et qui as vu ton Exposition universelle inaugurée par tout ce que les nations du monde entier ont d'illustre, crois donc bien toujours qu'elle est, comme on te l'a dit, l'Acropole, la Mecque et la Jérusalem de la Science! Ajoutes-y une foi d'autant plus forte que ton gouvernement te l'a garanti, rends-toi par là-dessus au théâtre égyptien, et tu en emporteras, pour la vie, l'image d'une Égypte qui a des théâtres quand elle n'en a jamais eu, et dont l'histoire se confondra, dans ta démocratique cervelle, avec celles de la Perse, de Bagdad et du légendaire Antar!

— Mais Sada Yacco, dira-t-on, la fameuse Sada, Sada, l'actrice japonaise?...

Soit!... Sada Yacco est Japonaise, et c'est là, sans contredit, un commencement de japonisme. Mais un de ses admirateurs, M. de Fourcaud, nous confie que les plus antiques usages japonais interdisent sévèrement la scène aux femmes, et que les rôles féminins, en conséquence, sont tenus, au Japon, par des « adolescents... ». Alors ?... Alors, Sada Yacco est une réformatrice, une initiatrice, une révolutionnaire, mais n'a jamais été le théâtre japonais. Elle poussera peut-être même un jour la révolution japonaise jusqu'à s'habiller comme Mme Sarah Bernhardt, et représente ainsi le Japon *qui sera*, mais ne représente pas le Japon *qui est*, ni qui fut. L'acteur Antoine, lui aussi, était un révolutionnaire, et jouait *de dos*, quand tous les autres jouaient *de face*. Faudrait-il, pour cela, aller se figurer que tout l'art de l'acteur, en France, a toujours tenu dans la méthode *du dos*, et serait-ce là une idée juste?... Eh bien, Sada Yacco est l'Antoine du Japon, et son jeu est le jeu japonais comme *le dos* est le jeu français.

IX

Nous pourrions encore nous arrêter à beaucoup d'autres exotismes. Tous, ou presque tous, inévitablement, auraient ce même caractère de nullité, de bouffonnerie, d'altération grossière ou d'absolue fausseté. Une exposition, avant tout, doit être une exposition, c'est-à-dire une certaine espèce de banquisme didactique dont le premier but est d'attirer, de retenir, et d'attirer et de retenir par d'exclusifs moyens de banque. Fût-il, par conséquent, un érudit du plus sérieux mérite, l'exposant d'exotisme dépouillera d'abord l'érudit. Un cadre lui est fourni, et il s'y renfermera. Des obligations de police, d'économie, d'emplacement, de salubrité, lui sont imposées, et il s'y soumettra. Et la recherche du succès, de l'attrayant, du voyant, de l'excitant, de tout ce qui amuse, de tout ce qui divertit, sera nécessairement sa règle. La vérité, l'histoire, le sens commun, s'arrangeront ensuite comme ils pourront. Pourquoi donc des « avertisseurs d'incendie » sur les vieilles idoles de Java dont l'archaïsme, assurément, est mis là à une rude épreuve? Parce qu'il n'existe pas de considération d'archaïsme pour prévaloir, dans une exposition, contre une considération de sécurité. S'il fallait même, pour bien les « assurer », une large plaque d'assurance sur la figure de chaque idole, toutes les idoles auraient sur la figure une large plaque d'assurance. Et pourquoi le vieux temple, qui est une ruine à Java, devient-il, au bord de la Seine, un joli four crématoire tout battant neuf? Parce que la simple reproduction des ruines n'eût fait, là où on l'eût mise, qu'une figure insuffisante, et qu'il fallait faire figure. Et pourquoi, dans les Indes anglaises, la panthère, le sanglier, la perdrix, l'éléphant, le singe, l'ibis et le serpent se présentent-ils tous en famille, et forment-ils ce touchant phalanstère? Parce que cette fable attroupe, et qu'il s'agit, avant tout, d'attrouper. Et pourquoi l'Inde affamée s'incarne-t-elle dans des Indiens bien peignés, bien nourris, bien chamarrés? Parce que la famine n'est pas, et ne peut pas être, article d'exposition. Et pourquoi, au restaurant chinois, l'intention de manger des ailerons de requins aboutit-elle presque invariablement au beefsteak? Parce qu'un restaurant chinois, dans une expo-

sition, doit être un restaurant, avant d'être chinois.
Et pourquoi les femmes dahoméennes jouent-elles
du matin au soir, sur leur pirogue renversée, une
scène aussi continue, et peut-être aussi peu dahoméenne? Parce que la scène est gaie, parce que
le Dahomey ne l'est pas, et parce qu'il est d'autant plus nécessaire de le rendre gai qu'il l'est peu.
Et pourquoi l'Andalousie — au temps des Maures
— nous recommande-t-elle le chocolat Menier?
Parce que les véritables Maures et la véritable
Andalousie ne devaient pas, selon toute apparence,
suffisamment comporter les annonces, et qu'une
exposition ne va pas, n'est jamais allée, et n'ira
jamais sans annonces. Et pourquoi un théâtre
cambodgien aussi extra-cambodgien? Et pourquoi,
surtout, un théâtre égyptien, quand l'Égypte et
le théâtre s'excluent? Toujours par la nécessité
d'amuser et de racoler, et parce que tout, dans
une exposition, cède à cette nécessité. Quoi de
plus attirant qu'un théâtre? — Rien! — Nous
ouvrirons donc un théâtre égyptien. — Mais il
n'y a jamais eu de Théâtre égyptien! — Nous y
jouerons des sujets égyptiens. — Mais vos sujets,
comme sujets égyptiens, ne sont que des sujets
turcs, arabes ou persans, et vos spectacles, au
lieu de l'histoire des Pharaons, nous racontent
celle des Califes! — C'est que la Perse est plus
scénique, l'Arabie plus héroïque, et les Califes

plus élégants. — Et vous êtes quand même le Théâtre Égyptien? — Nous sommes quand même le Théâtre Égyptien!

Il en est, en réalité, de l'exotisme d'exposition comme des drames ou des comédies. Avant d'être véridique, historique, psychologique, honnête, ou même raisonnable, une pièce doit être une pièce, afin qu'on y vienne, et presque toutes les pièces, conformément à cette loi, ne sont ni véridiques, ni historiques, ni psychologiques, ni honnêtes, ni même raisonnables, mais sont des pièces, et enrichissent quelquefois leurs auteurs, j'allais dire leurs exposants. Un Molière ou un Shakespeare apparaissent bien de loin en loin, et font alors, de temps à autre, une pièce raisonnable qui est une pièce, mais les Molière et les Shakespeare sont rares, et il faudrait des hommes comme eux, des hommes aussi rares qu'eux, pour nous donner, sous notre ciel d'Europe, la juste et vraie vision d'un véritable exotisme, pour savoir transposer et synthétiser les climats, comme un dramaturge de génie synthétise et transpose les sentiments.

X

Quoi qu'il nous soit encore réservé comme expositions d'exotisme, si l'avenir nous réserve encore des expositions, l'habitude d'aller y prendre nos informations africaines et asiatiques n'en a pas moins une grande disposition à s'enraciner chez nous. C'est un lieu commun que le Français est casanier. Nous ne quittons que trop volontiers notre province pour Paris, mais nous n'allons pas plus loin. Nous y échouons. Est-ce mépris de l'étranger? Nullement, et personne, au contraire, ne l'aime comme nous l'aimons. La perspective de connaître le Japon, Bornéo, Terre-Neuve, Honolulu, est pleine de séductions pour nous, mais celle de la traversée nous refroidit. Comment, dans un pareil état d'esprit, l'idée de voir les antipodes sans nous y rendre ne nous enchanterait-elle pas? Ce n'est plus nous qui allons à la montagne, mais la montagne qui vient à nous! Est-ce bien, seulement, le vrai Japon, la vraie Terre-Neuve et le véritable Honolulu qui viennent? N'est-ce pas un Japon suspect, une Terre-Neuve de contrebande, un Honolulu de table d'hôte?... Bah! nous n'y regardons pas de si près, et tout notre souci est surtout devenu d'éviter tout effort. L'effroi, l'horreur de l'effort, n'est-ce pas nous maintenant tout entiers? Ni du voyage difficile à faire, ni de la langue difficile à parler, ni du mariage difficile à supporter, nous ne voulons plus rien de cela, et la même psychologie est au fond de la loi du divorce, du décret qui supprime les participes, et de celui qui autorise l'ouverture d'une section malaise. La première nous dit : « Pour être marié, tu n'as plus besoin de l'être. » Le second : « Pour écrire le français, tu n'as plus besoin de le savoir. » Et le troisième : « Pour aller en Malaisie, tu n'as plus besoin d'y aller. » Méthodes commodes! Mais sommes-nous bien sûrs de prendre un bain de mer en mettant un paquet de sel dans notre baignoire, et de revenir de Chine, des Indes ou du Soudan, en revenant du Trocadéro?

La chronique de l'émigration contient une anecdote symbolique. Un gentilhomme gascon, réfugié dans une petite ville allemande, s'y donne, pour gagner sa vie, comme professeur d'italien. Ignorant, toutefois, foncièrement l'italien, il se contente de faire des cours de gascon, et peut, fort heureusement, regagner sa Gascogne avant qu'un de ses élèves soit allé contrôler, en Italie, l'italien qu'on lui a appris... Il y avait, au Trocadéro, d'attirants et vivants spectacles, mais leur histoire n'en est pas moins un peu celle de l'émigré. On nous y apprenait les pays de l'autre hémisphère, on y tenait école d'exotisme, mais vous faisiez bien de vous demander, en sortant du cours, si on y professait l'italien, ou si on y enseignait le gascon!

L'AGE DE L'AFFICHE

L'AGE DE L'AFFICHE

Septembre 1896.

I

Si un homme du temps de Richelieu ou de Mazarin pouvait se réveiller du sommeil dont il dort depuis deux siècles, reprendre ses souvenirs où il les a laissés, et se retrouver ainsi, sans y être préparé, au milieu du Paris actuel, quelles seraient sur le boulevard, ou même sur le Pont-Neuf, ses impressions les plus fortes ? Tout en y rencontrant peut-être encore de rares et vagues ressemblances avec les aspects et les silhouettes de son temps, il ne reconnaîtrait probablement plus rien, commencerait par croire à une hallucination, et finirait sans doute par devenir fou, après avoir vu passer un certain nombre de bicyclettes, d'hommes en « tuyaux de poêle » et d'omnibus. Il y aurait, toutefois, des degrés dans ses surprises, et tous ses saisissements n'auraient pas la même brutalité. Mais le spectacle des affiches, de tous ces murs tapissés de coloriages grimaçants ou licencieux, de tous ces clowns, de tous ces pantins et de toutes ces femmes multicolores riant et cambriolant dans tous les feux et tous les punchs de Gomorrhe, occasionneraient certainement ses stupeurs les plus profondes, celles où il aurait la vision la plus rapide qu'il ne se réveille pas là où il s'est endormi.

L'affiche illustrée, de couleur batailleuse, de dessin fou, de caractère fantastique, et annonçant partout, dans des milliers de papiers que d'autres milliers de papiers auront recouverts le lendemain, une huile, un bouillon, un pétrole, un cirage, un chocolat nouveau : rien n'est, en effet, d'une modernité plus violente, rien n'indique aussi insolemment un âge. On assimile, d'une façon ingénieuse, mais où il entre plus d'érudition amusante que de justesse, la mode de l'affiche contemporaine à certains usages antiques. Les Grecs et les Romains, et même, paraît-il, les Syriens et les Égyptiens, employaient, nous dit M. Charles Saunier, la publicité de la rue, et il cite même les placards historiés par lesquels, au XVIIe siècle, on annonçait les propositions qu'on devait soutenir en Sorbonne. Il nous renvoie au *Malade imaginaire*, où Toinette « orne sa chambre » avec la thèse de Thomas Diafoirus. Mais ces vignettes, en bonne conscience, ont-elles un rapport bien sérieux avec l'affiche illustrée ? Peuvent-elles vraiment se donner pour des précédents ? Et, même à une époque beaucoup plus rapprochée, il y a seulement un demi-siècle, étaient-ce aussi des affiches, ces compositions artistiques de Jean Gigoux, de Devéria, de Tony Johannot, de Raffet, de Nanteuil, de Gavarni, destinées à servir de frontispices aux publications du temps ? N'était-ce pas de l'illustration traditionnelle, de l'art de la fantaisie classiques, en un mot du simple dessin, de l'excellent dessin, du dessin de maître, mais du dessin normal régulier, et non ce je ne sais quoi de fantasque, de désarticulé, de pervers, de barbouillé, de non encore vu nulle part, de diaboliquement moderne, qu'est l'affiche ?

II

Le créateur de l'affiche, — de cette affiche-là, — c'est Chéret, et jamais créateur ne l'a été plus complètement que lui. Il n'a pas renouvelé ou perfectionné un genre, il l'a inventé. L'affiche, telle qu'elle réjouit ou scandalise à présent les rues, n'existait pas avant lui, et rien même ne l'annonçait. Elle a jailli, toute fulgurante, de sa brosse ; elle a éclos sur nos murs comme une végétation magique. Si magique, pourtant, que fût cette éclosion de l'affiche, ne pouvait-on pas en reconnaître les éléments et rien ne la rattachait-il à rien ? On y retrouvait, en réalité, certains aspects étranges et exceptionnels par eux-mêmes de la vie contemporaine, et les plus visibles étaient ces visions précipitées et fantomatiques de certaines rues de Londres, sans cesse traversées, dans leur brouillard, de couleurs et de figures criardes. Vous pouviez remarquer, dans l'affiche, les mêmes apparences et la même atmosphère de rêve, ces spectres de gens et de choses lancés comme dans un abîme, ces formes hétéroclites et ces contorsions affolées emportées dans un vertige fuligineux. Tout cela, seulement, avec Chéret, n'avait plus le côté morne ni la raideur de la vie londonienne, et se transfigurait même en quelque chose de pimpant, de clair, d'aérien. C'était bien toujours du rêve, mais ce n'était plus du cauchemar, ou c'était, tout au moins, du cauchemar raconté avec gaieté. Non seulement cela ne pesait plus, mais amusait, allégé par un éclairage de féerie, et de féerie libertine, autre élément de l'affiche, dans lequel s'accusait encore un aspect bien caractérisé de la vie actuelle, celui des petits théâtres, des cafés-concerts et des établissements de nuit. Rappelez-vous bien le Londres frénétique, voyez le flamboiement de gaz et de lumière électrique du Paris joyeux et nocturne, mêlez à ces fantasmagories un reflet de virtuosité japonaise, et vous aurez peut-être, dans ces trois éléments, toute l'histoire de l'affiche, de Chéret et de son génie.

Un art véritable, avec tout ce qui le caractérise et l'accompagne, nous est donc né de l'affiche illustrée. Elle a son esthétique, ses critiques, ses amateurs, ses historiens; elle est vraiment le frisson du jour. Si quelqu'un en doutait encore, comme on aime à douter de ce qui est nouveau, il pourrait feuilleter des ouvrages et visiter des « galeries » qui le convaincraient. Le livre de M. Maindron, et bien d'autres écrits, d'articles, d'études, le renseigneraient avec abondance; la collection, à peu près unique, réunie par *la Plume*, la revue qui s'intéresse avec une passion si particulière à la chromolithographie murale, continuerait à l'initier; enfin, la publication, entreprise en ce moment même par la maison Chaix, *les Maîtres de l'Affiche*, où sont reproduites, avec une véritable magnificence, un choix des affiches les plus estimées et les plus célèbres, achèverait de l'éclairer et de l'informer. Un grand nombre d'artistes, en effet, se consacrent maintenant à l'art du placard; tous y touchent plus ou moins, et les *Maîtres de l'Affiche* nous mettent à même d'en juger. Voici, dans les planches déjà parues, d'abord Chéret lui-même, avec ses femmes frissonnantes sous leurs transparences chiffonnées, coiffées d'ébouriffements incendiaires, se tordant comme des couleuvres ou passant comme des comètes; puis, des affiches d'Ibels, pour un journal; de Georges Meunier, pour des cigares; de De Feure et de Cazals, pour des expositions; de Grasset, pour un magasin; de Willette, pour une pantomime; de Mucha, pour un théâtre; de Toulouse-Lautrec, pour un divan; de Bac et de Métivet, pour des cafés-concerts; de Réalier-Dumas, pour un gaz; de Guillaume, pour une opérette... Et voilà aussi des affiches belges, anglaises, américaines : de Duyck et Crespin, pour une ferme; de Rassenfosse, pour une brasserie, des frères Beggarstaff et de Greiffenhagen, pour des revues; de Penfield, pour un Magazine; de Rhead, pour un journal. Nous en aurons plus tard de Forain, de Bonnard, de Steinlen; on nous en donnera même de Puvis de Chavannes.

Toutes ces affiches d'art, il est vrai, ne sont pas toujours des « affiches », et quelques-unes seraient mieux dans un album que sur une palissade ou contre une porte; mais d'autres, et de nombreuses, ont bien le caractère mural, ou s'en rapprochent. Les uns, parmi leurs auteurs, ont suivi Chéret; les autres ont cherché, hors de son influence, des effets personnels; la plupart sont arrivés, ou tendent, après lui, à ces déformations de rêve et de féerie, à ces pervertissements exaltés et

chimériques dans lesquels triomphe le genre, et
toute une génération de peintres d'affiches, de
maîtres du placard, faisant de l'art ou y visant, a
pris possession de toutes les surfaces libres, le long
de toutes les voies publiques, dans toutes les villes,
grandes ou petites. Le coloriage forain, bon ou
mauvais, génial ou médiocre, mais toujours violent ou voyant, sollicite maintenant partout les
yeux, les agace, et transforme la rue.

III

L'art de l'affiche, bien que ne datant même pas
de trente ans, s'est déjà propagé dans de nombreux
pays, et M. Octave Uzanne, l'un de ses historio-
graphes les mieux informés, nous le montre ré-
pandu à peu près dans le monde entier. En Angleterre, Walker, Walter-Crane, Dudley Hardy,
Greiffenhagen et les frères Beggarstaff l'ont déjà
poussé, et continuent à le pousser très loin. Walker, dès 1861, sans aller encore jusqu'au coloriage,
commençait cependant à le présager dans la gra-
vure murale destinée à l'annonce de la *Femme en
blanc*, le roman de Wilkie Collins. Une femme
vue de dos, emmitouflée d'un châle, arrivait d'un
pas pressé au sommet d'un escalier, et là, tour-

nant la tête, un doigt sur la bouche, tirait une lourde porte qui s'ouvrait sur les étoiles. C'est la première affiche illustrée collée sur les murs de Londres, et qui implique déjà la couleur, si elle ne la réalise pas. Walter-Crane, ensuite, révolutionnait le monde des amateurs par une « symphonie en bleu et en jaune pour la *Promenade-Concert de Covent Garden* », et toute une jeune école, depuis quelques années, innove et produit à outrance, visant toujours à l'effet le plus saisissant par le procédé le plus simplifié, comme dans les extraordinaires silhouettes dansantes de Dudley-Hardy, blanches sur fond rouge ou rouges sur fond blanc, la femme de Greiffenhagen, également brossée par à-plats aveuglants, et surtout les sommaires et mystifiantes indications des frères Beggarstaff, jetées sur d'immenses feuilles de papier d'emballage, où ils en sont arrivés à ne plus dessiner leurs visions qu'avec des lacunes, qui demeurent pourtant des visions.

En Amérique, plus encore qu'en Angleterre, l'affiche tapageuse et racolante sévit et pullule, mais là aussi, comme ailleurs, inspire des artistes : Bradley, dont le Salon des Cent, l'an dernier, nous a révélé sept jolies compositions exécutées pour une petite revue bimensuelle de Chicago, le *Chap-Book* ; Will Carqueville, attaché au *Lippincott's* de Philadelphie ; Penfield, Woodbury,

Rhead et Warton Edwards. Les fonds gris tendre ou roses, les images blanches ou vert pâle, les femmes en cheveux jaunes sur les horizons bleu clair, les grandes fleurs mystiques, les forêts symboliques, avec on ne sait quoi du moyen âge corrigé par on ne sait quoi dejaponais, on retrouve toujours un peu de tout cela, si indigeste que semble le mélange, dans beaucoup d'affiches américaines. Quelques-unes, comme celles de Penfield, de Bradley, de Carqueville, ont de la sveltesse ou de la drôlerie, quelquefois une vraie maîtrise. D'autres vous rappellent en même temps les vignettes des vieux missels et celles des boîtes de cigares. Et la Belgique, l'Allemagne, l'Italie, l'Espagne ont aussi leur « affiche d'art ». Le placard belge est particulièrement et même furieusement artistique, avec les Rassenfosse, les Léon Dardenne, les Fabry, les de Feure, mais tire trop quelquefois sur le vitrail et la céramique. En Autriche, selon le mot de M. Uzanne, l'affiche est «molle et rondouillarde»; en Suisse, «raide et guindée »; en Italie, « criarde», avec des débauches d' « indigos » et de « rouge solférino ». En Espagne, elle a des « tonalités d'omelette aux oranges ».

Ce qu'il y a de frappant dans les affiches de tous ces pays, c'est combien elles en marquent vraiment les fontières et comme elles en expriment bien les différences d'esprit, l'état social et le climat. Entre l'affiche anglaise et l'affiche française, malgré toutes les analogies et tous les échanges de procédés qui les rapprochent, on sent deux races. L'affiche française, légère, subtile, a des finesses, des sous-entendus, des miroitements voilés ; celle de Chéret, notamment, est toute en souplesses, en froissements, en transparences, en plis et en replis. Ses femmes sont des fantômes, mais des fantômes palpitants ; on les sentirait vivre en les touchant ; ils vous laisseraient des parfums de chair amoureuse et des bruissements de soie entre les doigts. Les femmes de Dudley-Hardy et de Greiffenhagen, tout en procédant de celles de Chéret, reproduisent surtout la marion-nette anglaise, froide, ironique, frénétique et raide ; elles doivent, quand elles remuent, cla-quer comme des poupées de bois. Aucun rapport non plus entre l'affiche anglaise et l'affiche amé-ricaine, ni entre l'affiche belge et l'affiche suisse, ni entre les « solférinos » de l'Italie et l' « ome-lette aux oranges » des Espagnols. Toutes ces annonces illustrées sont aussi diverses, aussi étrangères de ton, d'allure, d'esprit, que les phy-sionomies, la langue, la société, les habitudes, l'atmosphère et l'architecture diffèrent de Berlin à Madrid, de Bruxelles à Constantinople, de Saint-Pétersbourg à Paris. Vous retrouverez exactement le même écart entre la chromolithographie qu'on placarde à Naples et celle qu'on placarde à la Haye, qu'entre les deux villes elles-mêmes, les costumes de leurs habitants et les fleurs de leurs jardins. Elles sont donc bien, en somme, des manifestations plutôt que des importations, et l'affiche d'art, malgré la nouveauté de son expansion, n'est pas un article-Paris, un article-Londres ou un article-New-York, uniquement propagé par la mode, expédié ou reproduit partout, dans un courant de caprice et de curiosité, mais ne sortant pas, au fond, d'un besoin général. Elle est, tout au contraire, un résultat, une flore, et la poussée la plus puissante, la plus logique, dans laquelle se soit depuis longtemps formulée la vie. C'est une phase pittoresque répondant à une phase sociale.

IV

Quand on aperçoit, dans les rues, les zigzags flamboyants des affiches de Chéret, de Bac, de Meunier, ou de Dudley-Hardy, on ne peut guère ne pas se rappeler certains mots célèbres, dits à propos de Delacroix : le « balai ivre » et la « fanfare de couleurs ». Étaient-ils bien toujours justes, appliqués à son œuvre noble et hautaine, et ne devaient-ils pas plutôt convenir à l'affiche ? N'est-ce pas elle qui donne rigoureusement, par la folie bien caractérisée des tons et des touches, par le retentissement qu'elle est pour les yeux, l'impression d'une ivresse de sons joyeux et d'une peinture au balai? Et n'est-il même pas singulier que le phénomène souvent remarqué, au sujet des personnages de Balzac, se reproduise encore ici, et de façon presque identique? C'est surtout, comme on l'a souvent observé, vingt ou trente ans après son apparition en personnages de romans, que l'humanité de la *Comédie humaine* s'est pleinement réalisée dans la vie, et le cas de l'affiche est presque rigoureusement le même. Delacroix, dans ses tableaux achevés, ne peint pas avec le « balai ivre » qu'on lui voit à la main, et ses toiles ne font pas le tapage de musique foraine qu'on y entend, de même que la société de 1820 à 1850 ne montrait pas encore tout ce que Balzac y voyait déjà. Mais l'espèce d'enluminure volcanique, exprimée par la « fanfare » et le « balai », a éclaté depuis dans l'affiche, exactement comme le monde imaginé ou deviné par Balzac s'est réalisé depuis ses romans. C'est la modernité du lendemain impliquée dans celle de la veille, et rien ne prouve mieux encore combien l'affiche a logiquement poussé de la vie moderne, combien elle en est la végétation naturelle.

Ces images d'un jour ou d'une heure, délavées par les averses, charbonnées par les gamins, brûlées par le soleil, et que d'autres ont quelquefois recouvertes avant même qu'elles aient séché, symbolisent, à un degré plus intense encore que la presse, la vie rapide, secouée, multiforme, qui nous emporte. On mettait quinze jours, autrefois, pour aller de Paris à Lyon, avec des relais, des haltes, et toutes sortes d'incidents, de difficultés, ou même d'aventures de route. Un voyage à Rouen constituait un événement, et l'on s'embrassait alors avant de partir pour Toulouse, comme on s'embrasse aujourd'hui avant de partir pour la Chine. On avait sa fortune en biens sédentaires, en domaines tranquilles, qui prospéraient ou dépérissaient peu à peu, et dont le revenu ne pouvait avoir que des oscillations naturelles; on récoltait du blé, du vin, de l'huile, qui se retrouvaient tous les ans le même blé, le même vin, la même huile; on mettait plusieurs années à bâtir des maisons qui devaient durer plusieurs siècles; on s'écrivait de longues lettres, qui attendaient le courrier huit jours, et que le même courrier ne vous remettait qu'au bout de six semaines. Maintenant, on se couche le soir en sleeping-car à Paris, et l'on prend son chocolat le lendemain matin à Marseille; on repart après son dîner, on se retrouve chez soi après un mauvais somme, et l'on apprend, en rentrant, qu'on est ruiné! On était millionnaire, mais en millions qui n'existaient pas, et on n'a plus que sa garde-robe, qu'on a même oublié de payer. On construit en trois mois des hôtels de carton-pierre qu'on revend avant d'avoir posé le toit; on s'écrit par dépêches, on va donner une signature à New-York par le paquebot, on correspond par le tube, on cause par le téléphone, et l'on y surprend, sans le vouloir, en faisant une commande de champagne à une maison de vins, le secret d'un adultère qui se combine dans un bureau de poste... Cette vie-là, l'affiche en est le reflet continu, la reverbération incessante; elle s'y mêle en la reproduisant, et la reproduit en s'y mêlant, comme l'instabilité de l'eau reproduit, en y ajoutant, le tremblement des feuilles. Elle en emmagasine, pour les restituer en cris bizarres, avec des déformations de phonographe, non seulement la rapidité, mais l'acuité et la cruauté. Elle rend, par ses couleurs indéfinissables, ses tons pervers, son étrangeté, tout ce que cette vie renferme et donne, dans sa brièveté, de secousses détraquantes, de vanités intenses, de frénésies éphémères, d'efforts maladifs vers le soleil et le triomphe, destinés à la boue finale du ruisseau. La vie passée était la vie forte et lente, dont l'expression naturelle se trouvait dans l'architecture, dans ces grandes choses de pierre qu'il fallait la pioche et le feu pour détruire; la vie actuelle est la vie fébrile et hachée, miroitante, multicolore, et se résume dans l'affiche posée le matin, déchirée le soir, vouée au tombereau municipal, et dans laquelle, pourtant, on met un art concentré.

V

Plus on compare ainsi la vie ancienne et celle d'à présent, plus on les retrouve l'une et l'autre, avec tous leurs caractères, même leur caractère moral, dans l'édifice et dans l'affiche. Le monument d'autrefois, avec tous les arts qu'il englobait, peinture, sculpture, ornementations et décorations de toutes sortes, relevait d'un art seigneurial, éminemment aristocratique ou dominateur, qui répondait au train social de l'époque. L'idée d'une autorité, de quelque chose de supérieur au peuple, de plus fort, de plus grand, d'autre que lui, se dégageait du château et de la cathédrale, et leurs masses ou leurs poèmes de pierre, malgré tout ce qui pouvait les égayer, ne parlaient guère à la foule que de son devoir social ou religieux; ils le lui imposaient par la sainteté, la puissance ou la majesté. Le peuple n'y trouvait que des exhortations à prier et des suggestions d'obéissance. L'église vous criait l'éternité de la religion, le palais la splendeur du prince, et l'individu, le sujet, se sentait ainsi écrasé par le poids et l'ampleur d'un intérêt divin ou royal auprès duquel le sien n'existait plus. L'affiche, au contraire, ne nous parle que de nous-mêmes, de nos plaisirs, de nos goûts, de nos intérêts, de notre alimentation, de notre santé, de notre vie, de nos vices. Elle ne nous dit pas : « Prie, obéis, sacrifie-toi, adore Dieu, crains le maître, respecte le roi... » Elle nous chuchote: « Amuse-toi, soigne-toi, nourris-toi, va au théâtre, au bal, au concert, danse, lis des romans, bois de bonne bière, achète de bon bouillon, fume de bons cigares, mange de bon chocolat, fais ton carnaval, tiens-toi frais, beau, fort, dispos, plais aux femmes, teins-toi, peigne-toi, purge-toi, parfume-toi, veille à ton linge, à tes habits, à tes dents, à tes mains, et prends des pastilles, si tu t'enrhumes!» N'est-ce pas ce que l'affiche d'art, du haut en bas des murs, et des vitres de tous les kiosques, nous répète sur tous les tons, par tous ses bariolages, toutes ses fantasmagories, toutes ses Renommées à chignons jaunes qui distribuent leurs œillades en embouchant leurs trompettes? Et n'est-ce pas là, en effet, l'art naturel et logique

d'une époque d'individualisme et d'égoïsme à outrance ? N'est-ce pas bien là le monument moderne, le château de papier, la cathédrale de sensualité, où tout ce que nous avons en nous de cul-
ture et d'esthétique ne trouve plus à s'employer
que dans l'exaltation du bien-être et le chatouille-
ment des instincts ? Les architectes peuvent encore
construire des églises, comme les professeurs de
rhétorique peuvent encore faire des vers latins.
Ils composent, les uns et les autres, dans des lan-
gues mortes, et la véritable architecture, aujour-
d'hui, celle qui pousse de la vie ambiante et pal-
pitante, c'est l'affiche, le pullulement de couleurs
sous lequel disparaît le monument de pierre,
comme les ruines sous la nature fourmillante ;
c'est l'édifice instable, démoli tous les soirs, re-
construit tous les matins, d'images voyantes et
changeantes qui agacent et interpellent le passant, le flattent, le provoquent, l'entraînent, lui
rient au nez et le racolent.

Et ce triomphe du papier sur la pierre est si
évident, si normal, que les architectes eux-mêmes,
dans les gares de chemin de fer, les magasins, les
hôtels, les théâtres, les expositions, ne font plus
guère que de l'affiche. Ils font de l'affiche en
pierre, en fer, en stuc, en plâtre, en marbre, mais
de l'affiche. La Tour Eiffel ? Affiche ! Immense et
colossale réclame de la serrurerie ! Et les dômes,

les façades, les verrières, les galeries, les pavillons des expositions universelles ? Affiches ! Absurdes, monstrueuses et somptueuses affiches ! Ce sont les mêmes bariolages, les mêmes violences fantasques, les mêmes effets de cauchemars folâtres et multicolores, aboutissant aux mêmes excitations à boire, à manger, à aimer, à danser, à se divertir, à se parer, à s'habiller et à se déshabiller ! Et c'est aussi la même destinée d'un jour. Nous en sommes arrivés à construire et à démolir nos palais, comme nous collons et comme nous enlevons nos affiches. L'âme moderne est si bien dans la mobilité et le caprice que la pierre et le fer eux-mêmes en sont devenus éphémères, et se changent en chiffons, tout pierre et tout fer qu'ils sont, tant la matière est ce que la fait l'esprit, et tant l'esprit actuel est le vertige et le bouleversement.

VI

Le résultat nécessaire de cet art mobile et dégénéré est, comme on le conçoit facilement, une démoralisation spéciale, mécanique, et comme à coups d'images de cinématographe. Feuilletez bien les affiches des collections, examinez bien celles des rues, et vous ne trouverez jamais, ni sur un mur, ni chez un amateur, une belle affiche « morale », dont l'effet soit l'exaltation d'un sentiment noble. Vous en verrez d'admirables qui annoncent des pétroles, des pâtes dentifrices, des cacaos, des cirages, des bals masqués, des bastringues, des tripots, des cabarets, des réunions révolutionnaires, des meetings de revendication ou d'indignation, vous n'en découvrirez pas une qui vous recommande une bonne action, un sacrifice élevé, ou vous inspire la sagesse. Ou bien l'affiche est une œuvre d'art, et s'adressera toujours, alors, à un appétit, à un goût, à un besoin de bien-être ou de plaisir, à un instinct de révolte, à un vice. Ou bien elle s'adressera à l'esprit de soumission, de travail, de religion, de dévouement, d'oubli de soi-même, et ne sera plus, en ce cas, qu'un barbouillage attristant ou un beau dessin qui ne sera plus une affiche. La belle affiche, excitante ou licencieuse, se voit partout; la belle affiche, pudique ou chaste, ne se voit nulle part. La belle affiche frivole fourmille; la belle affiche grave est à trouver. La belle affiche anti-sociale existe; la belle affiche conservatrice n'existe pas.

La morale, en somme, dans l'affiche, n'est donc jamais où est l'art, l'art n'est jamais où est la morale, et rien ne détermine mieux le caractère de l'affiche. Il y a une logique nécessaire à laquelle une œuvre d'art, quelle qu'elle soit, ne peut manquer. A la condition d'en user avec bonheur, l'artiste a toutes les libertés, sauf une seule, celle de se mettre en contradiction avec son principe et d'oublier sa raison d'être. S'il est dans la fantaisie et la féerie, il ne doit pas cesser de s'y maintenir, même quand il semble en sortir, et plus il y mettra de logique, plus son art y prendra d'intensité. Il peut éclairer ses toiles comme bon lui semble, et voir bleu, vert, jaune, gris, noir, clair, sombre, selon son œil ; qu'il reste dans la loi des atmosphères qu'il imagine, et ses visions les moins réelles produiront les plus surprenants effets de réalité. Mais il doit toujours demeurer logique, même dans l'insanité, et l'affiche, en raison même de cette logique, de cette harmonie entre le principe et son but, n'est pas, et ne peut pas être morale. Née de l'individualisme, de tout ce qui en découle d'appétits, d'exigences, de caprices, de sensualité, de besoin de jouir, d'effroi de souffrir, de néant intellectuel, de futilité, de culte aigu de soi-même, de mépris ennuyé pour tout ce qui n'est pas soi, elle doit logiquement reproduire et rendre tout cela. Son fond est là, son âme est là, et elle ne sera de l'art qu'en se conformant à son âme et à son fond. Qu'elle nous annonce un savon, une brasserie, une poudre de riz, une coiffure, une pommade, un rasoir, ou un appel à l'insurrection, et elle sera de l'Art! Qu'elle nous parle de la patrie, de Dieu, de l'obéissance aux lois, et elle n'en sera plus! Elle est le contraire exact de l'édifice, et il se produit logiquement pour elle le contraire de ce qui se produit pour lui. Nous ne connaissons pas, en réalité, de beaux théâtres, de belles gares de chemins de fer, de belles expositions universelles, de beaux casinos, c'est-à-dire de beaux édifices industriels ou futiles, et il n'existe, au contraire, de bonnes affiches, que dans le domaine de la futilité, de l'industrie ou de la révolution.

Ainsi, en dehors de l'image aimable, qui éclaire nos rues de caprice et de joie pimpante, l'affiche d'art ne peut rien pour le bien et peut tout pour le mal. Elle n'engagera jamais à respecter les femmes, les lois, l'autorité, la famille, la religion, la propriété, la justice, et tout ce que toute morale engage à respecter, mais poussera tout naturellement à le violer. Vous figurez-vous le bon citoyen, le bon père de famille, le bon mari, le bon pauvre, le bon riche et le bon ouvrier, tirés en quatre couleurs, et collés sur nos murailles, entre une fille à bicyclette, une eau de Jouvence et un pitre éclatant de rire? Mais voyez la moindre annonce de ménage, de droguerie ou de parfumerie! Comme le placard, ici, devient tout de suite saisissant! Comme on y retrouve bien la descente de courtille et l'étourdissement de bal masqué, l'espèce de danse équivoque et bousculée qu'est la partie brillante, ou pressée de l'être, de la Société ! Comme toutes ces figures de carnaval et de bamboche, et tous ces décolletages de plages galantes ou de cabinets particuliers, triomphent bien par leur folie même et leur gaîté de corrosion, sous le ruissellement des lumières exaspérées ! Quelle trépidation, quelle titillation de couleurs perpétuelle, accomplissant bien leur fonction trépidante et titillante ! Quelle jolie et chatoyante séduction vous invitant à chaque pas à jouir de quelque chose de nouveau, et comme la rapidité même avec laquelle l'affiche apparaît et disparaît, pour s'en aller en lambeaux, sous le piétinement et dans la hâte des passants, ajoute encore à ce qu'elle a déjà de corrupteur et de corrompu ! Et ne devinons-nous pas aussi le parti qu'on pourra tirer des procédés mêmes de Chéret, pour mener à l'assaut de la société le grand déchaînement des misérables? On ne voit pas la vertu, la chasteté, le renoncement, la probité et la sagesse en affiches, mais on y voit fort bien le viol et le pillage. Et l'affiche démagogique, chatouillant la férocité, montrant du rouge à la brute, aura son heure. L'affiche détruit, et ne peut que détruire. Elle détruit déjà comme le plaisir, et détruira comme la fureur. Elle nous annonce les joies nocturnes, elle nous annoncera celles du « Grand Soir ». M. Paul Bourget raconte l'histoire d'une fille de brasserie, une certaine « Nini-Pétrole », qui s'était faite infirmière sous la Commune, et fusillait les prêtres rue Cujas. L'affiche ressemble à cette fille. Elle en est déjà à la brasserie; nous la verrons rue Cujas.

VII

Ainsi, et par destination, l'affiche est scandaleuse. La fille sous les armes, battant le pavé ou dansant le cancan, en est le thème privilégié. Qu'on veuille nous écouler une pâte épilatoire ou un reconstituant, on nous les fait toujours annoncer par cette personne. Elle achalande la boutique, et on ne sait même plus trop ce qu'elle y vend. L'art mural, il faut bien le dire, a toujours eu ce côté licencieux, même aux époques de compression et d'autorité. Les indescriptibles fourmillements de moines vicieux, de nonnes, de sorciers, de diables et de boucs, fouillés dans les vieux monuments, nous prouvent à quelle luxuriance de lubricité fantaisiste et décorative se livraient les artistes et les ouvriers chargés d'ornementer les plus graves édifices. On y retrouve toutes les imaginations de l'éternelle perversité, et l'affiche, ici, continue la tradition et ne la continue même qu'en la gazant. Le mur, comme le latin, brave l'honnêté, et la muraille moderne la brave à sa façon. Les anciennes sorcières des vieux bas-reliefs ont quitté les vieux chapiteaux et les vieux portails, passé chez la modiste et la lingère, mis des chapeaux à plumes, des peignoirs transparents, changé leur manche à balai en éventail, et sauté, ainsi transformées, dans les fulgurants chromos où elles nous engagent à acheter les élixirs de jeunesse qui les ont elles-mêmes rajeunies. Ève, si souvent aperçue dans les antiques vignettes de pierre de nos cathédrales, a ressuscité sur les kiosques, dans de joyeuses descendantes un peu moins déshabillées qu'elle, mais tout aussi tentatrices, et qui ont d'innombrables variétés de pommes à nous offrir. Une différence énorme, cependant, n'en existe pas moins entre l'immoralité murale d'autrefois et celle d'à présent. Lorsque l'ancien bas-relief est obscène, il l'est crûment, avec quelque chose de naturel et de barbare, ou de naturien mythologique. C'est une fantaisie impudique, étalée en toute nudité, mais n'allant pas plus loin que la fantaisie pour la fantaisie et la nudité pour la nudité. C'est l'impudeur animale interprétée par l'impudeur artiste. L'affiche est tout autre chose, et son impudeur, à elle, est savante, systématique, calculée, dosée, commerciale. C'est une impudeur de profession, qui se gouverne et se mesure selon les exigences et les roueries d'un métier; c'est l'impudeur de la prostitution. Cette femme agile et preste de l'annonce, qui se déshabille ou se rhabille à volonté, s'emmitoufle de fourrures ou nous montre ses épaules, et se détaille avec tant de science, sous tous ces effets de lumière ou de coups de vent, cette jolie femme-là ne fait pas tout cela pour son plaisir, comme la bonne dame sans malice des chapiteaux, mais dans une intention, pour la galerie, pour la rue, pour le fils de famille qui va passer, ou le vieux monsieur qui la regarde. Elle nous appelle, cligne de l'œil, se déhanche, rit, trottine et se démène pour qu'on la suive. Elle *fait le mur*, et nous guette pour nous dévaliser. Le naïf bas-relief, lui, se perd dans l'ombre et le gris de la pierre; il a peur du jour. L'insolente affiche, au contraire, est équipée pour la guerre, harnachée pour le trottoir, parée pour la promenade ou le théâtre, et sa nudité même, quand elle est nue, est une nudité composée, fardée, blanchie, une nudité maquillée. C'est une cabotine et une créature qui est là pour « faire ses affaires », et qui, en cela encore, résume bien son temps. Prostitution et cabotinage, toute l'époque est là, et c'est tout l'esprit de l'affiche. Vous apercevez une almée de Montmartre ou des Batignolles danser et se tortiller sous des tuniques lumineuses, comme réclame au meilleur remède contre la dyspepsie ou le coryza? Ce n'est pas là seulement l'annonce d'un remède, mais l'incarnation même du peuple qui en a besoin.

Et voyez jusqu'où se manifeste le caractère destructeur et la dissolvance naturelle de l'affiche! Les sculptures plus ou moins cyniques des églises ou des palais ont-elles vraiment jamais corrompu quelqu'un? En quoi l'ouvrier ou l'enfant qui passent sont-ils démoralisés par les joyeux chèvre-pieds qui gambadent dans les frises du Louvre, et de quelles distractions les mystères satiriques de Notre-Dame troublent-ils la piété, depuis huit cents ans qu'elle prie et médite à côté d'eux? Imaginez, cependant, une affiche qui reproduirait sur un mur, avec la brutalité de sa couleur, l'équivalent de ces images, et figurez-vous le scandale! Les moindres légèretés prennent plus de valeur, dans le coloriage de l'affiche, que les scènes de bas-relief les plus grossières dans l'ordonnance et la pierre du monument. Les images les plus lubriques se perdent et s'épurent dans la puissance générale de l'édifice, et n'en dérangent pas plus la majesté que les grouillements de crabes et de poulpes ne dérangent celle de la mer. La silhouette d'une belle ligne de pierre est si noble qu'elle transfigure tout dans sa noblesse, et le placard mural, au contraire, est si bien la langue naturelle des excitations inférieures, que les plus faibles audaces, les ambiguïtés les plus vagues, y produisent tout de suite d'extraordinaires effets d'ébranlement. La ligne est le dernier mot de l'âme, la couleur celui de la sensualité, et cette pensée d'Eugène Delacroix, le peintre du « balai ivre », vous revient ici d'elle-même à la mémoire : « L'architecture est l'idéal même ; tout y est idéalisé par l'homme. La ligne droite elle-même est de son invention, *car elle n'est nulle part dans la nature.* »

Et l'affiche ?... D'où vient-elle ? Où la retrouve-t-on ? Elle ne relève même pas de la nature. Tout y est pris dans la dépravation.

VIII

Singulier état d'imagination, et singulière atmosphère morale, que ceux où nous maintient ainsi l'affiche ! La foule, avec elle, et ceux-là mêmes, ceux-là surtout dont les impressions sont les plus vives, la femme, l'enfant, la jeune fille, demeurent dans une continuelle vision de café-concert et de jardin de nuit. De même que les hommes des champs, tout en devenant insensibles au pittoresque de son milieu, n'en reçoivent pas moins une certaine façon de penser et d'être, de même l'habitant des grandes villes finit, tout en s'en blasant, par prendre pour âme quelque chose de ces éternelles images de prostitution et de chahut. L'habitant de Paris porte en lui comme un perpétuel « Moulin Rouge » intérieur. Quels que soient l'endroit ou la circonstance où nous puissions nous trouver, nous avons toujours un peu de la poussière des Folies-Bergère à nos semelles, comme les Persans ont toujours un peu du sol de la Perse dans leurs chaussures. Étudiez bien les gens du peuple, les mondains, les mondaines, les bourgeois, les artistes, les commerçants, et vous remarquerez chez tous, avec la différence que comportera leur rang, l'esprit, les goûts, les préoccupations, la tenue, les façons ou la moralité de gens pour qui il est aussi normal de ne jamais regarder un mur sans y voir danser des filles, qu'il est naturel pour le paysan d'avoir continuellement ses bêtes et son fumier sous les yeux. Est-ce là un état d'esprit supérieur ? On ne peut guère en imaginer de plus bas. Ce n'est pas le culte et le goût de la beauté physique comme ils existaient chez les anciens, sous un Phidias ou un Apelles, ce n'est pas non plus le grand courant d'art de l'Italie à l'époque d'un Titien ou d'un Raphaël, mais simplement une habitude d'équivoque, de scandale, de retroussement, de sous-entendus, de dessous, de vice, et de vice vénal et public. C'est un état d'esprit de mauvais lieu et de pornographie. Et ce qui distingue encore ici l'affiche, c'est qu'elle ne me propose pas tout cela plus ou moins persuasivement, mais me l'impose. Je lis un livre si je le veux bien, je vais voir un tableau s'il me plaît d'y aller, je n'achète pas mon journal malgré moi. Mais l'affiche? Je la vois, même si je ne veux pas la voir. Que cela me froisse ou me convienne, il faut que je la subisse. Elle outrage mes délicatesses, mes convictions, ma religion, mon goût? Elle s'en moque, et m'entre dans les yeux ! Et pourquoi ? Pour m'inoculer l'esprit de beuglant, de casino, de lupanar, d'avilissement, de décomposition. C'est cela que je suis obligé de respirer et qu'on m'introduit de force dans le sang. Et non seulement à moi, mais à la femme, à la jeune fille, à l'enfant qui apprend ses lettres, et dont l'œil ne lit encore que l'image !

L'excuse de l'affiche, c'est qu'elle est elle-même un effet. Elle est comme ces fleurs des pays insalubres, qui, en donnant la fièvre, exhalent ce qu'elles ont puisé du sol. Elle rend à la société ce qu'elle en reçoit. Et puis, quel art original, vraiment et spontanément moderne! Art morbide, pervers, pestilentiel, paludéen, mais art quand même, contrairement à la pornographie littéraire que nous avons vue pousser à côté, et dont les excentricités fétides ou les préciosités aphasiques n'ont jamais été que du faux art. Dans tout ce torrent de productions gomorrhéennes, ou pseudo-gomorrhéennes, dont on nous inonde depuis vingt ans, et qui semblent toutes sorties d'un grand cénacle de confection, je remarque surtout une intarissable indécence industrielle, tandis que je sens une sève et une sincérité dans l'affiche. Elle a vraiment lâché sur le monde toute une horde ailée d'incendiaires *Marseillaises* de joie et de vice. Elle est vraiment une flamme de perdition. J'y sens vraiment l'art de Gomorrhe.

IX

La conclusion, ou les conclusions, — car il pourrait y en avoir beaucoup, — ne se tirent-elles pas ici d'elles-mêmes ? Au point de vue d'une certaine morale permanente et d'un certain esprit de conservation nécessaire, l'affiche, telle qu'elle fleurit sur nos murs, est un redoutable agent de perversion. Exaltante pour tout ce qui est frivolité et sensualité, dissolvante de toute idée haute, de tout sentiment fort, elle agit en même temps avec une insolence et un tapage despotiques, à la façon d'un étendard ou d'un toscin, à la vue ou au son desquels on n'est pas libre d'échapper. Le musée secret tiré de son secret, colorié à l'usage du peuple, devenu musée de plein air, et placardé sur les murs : voilà ce que finira peut-être par nous donner l'affiche, et il semble bien que ce soit là, vers cette abolition totale de la pudeur, que nous roulons un peu tous les jours. N'est-ce pas cette chute cabriolante, dans l'étourdissement d'une prostitution générale, que nous pouvons déjà lire dans le grimaçant et fatidique bariolage de nos maisons? Transportez-vous à mille ou deux mille ans dans l'avenir, et supposez un de nos coins de rue retrouvé avec ses affiches. Quel enfantillage deviendrait la légende du mur de Balthazar, auprès de certains pans de murailles parisiennes simplement barbouillées de certaines annonces ! Et combien aussi n'est-il pas vrai que les seuls arts réellement vivants, les seuls destinés à rester les témoins d'un temps, sont les arts véritablement sortis de la sève et du fond de ce temps. L'affiche, à cet égard, sort du nôtre comme le Parthénon est sorti de la Grèce, et comme les cathédrales sont sorties du moyen âge. Ce coloriage, jeté sur un papier volant, résume aussi complètement, aussi mystérieusement le monde moderne, que les enluminures des vieux portails, solidement fixées sur la pierre, en résument un autre. Triomphante, exultante, brossée, placardée, déchirée en quelques heures, et nous minant continuellement le cœur et l'âme par sa vibrante futilité, l'affiche est l'art, et presque le seul art, de cet âge de fièvre et de rire, de lutte, de ruine, d'électricité et d'oubli. Il n'en restera rien ? Sans aucun doute ! Mais que restera-t-il aussi un jour des plus indestructibles pyramides ? Vus d'une certaine hauteur, l'éternel et l'éphémère ne se distinguent plus, et la pierre et le papier se confondent dans l'infini.

FIN

TABLE DES MATIÈRES

POITIERS

IMPRIMERIE BLAIS ET ROY

7, rue Victor-Hugo, 7

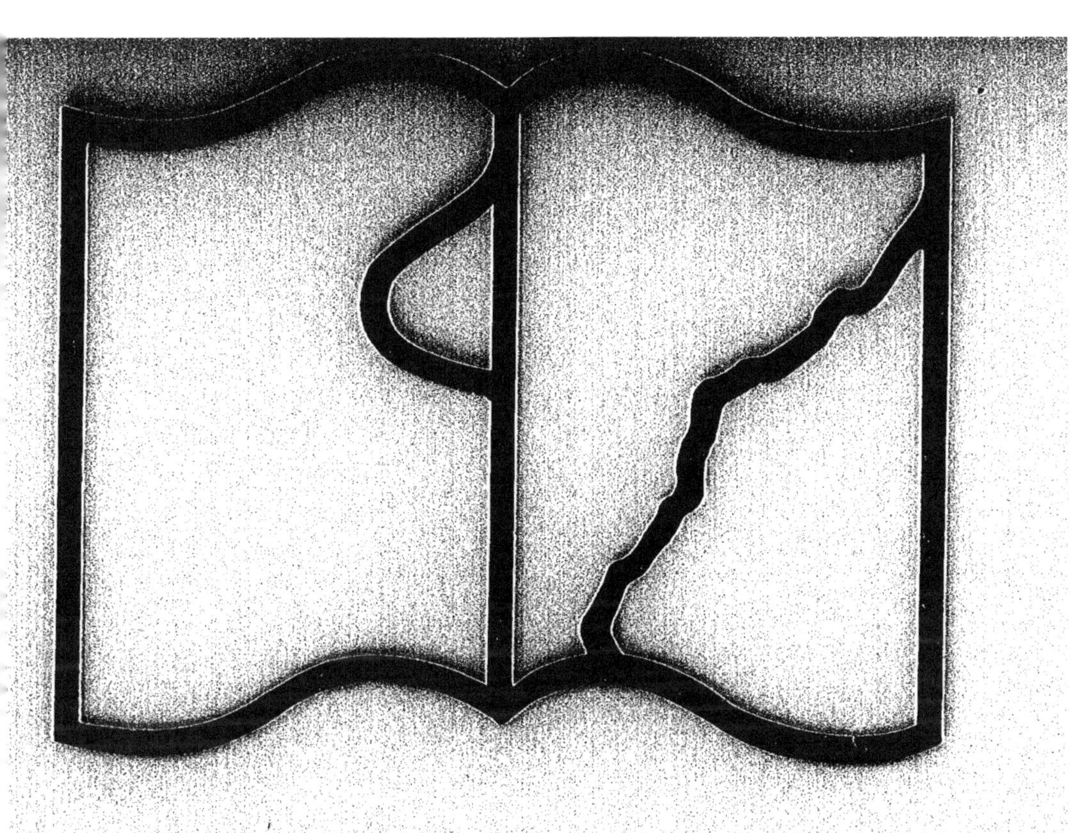

Texte détérioré — reliure défectueuse
NLC 142 (2-09) 11

Contraste insuffisant